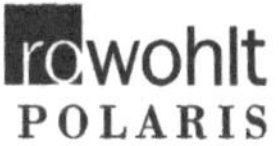
rowohlt
POLARIS

AF543773

Saeid Fazloula

mit Taufig Khalil

GEGEN DIE STRÖMUNG

Mein langer Weg aus dem Iran
nach Deutschland – und zu Olympia

Rowohlt Polaris

Originalausgabe
Veröffentlicht im Rowohlt Taschenbuch Verlag, Hamburg, Juli 2024

Covergestaltung HAUPTMANN & KOMPANIE Werbeagentur, Zürich
Coverabbildung Helge Prang/GES-Sportfoto
Satz aus der Lyon Pro
bei Dörlemann Satz, Lemförde
Druck und Bindung GGP Media GmbH, Pößneck
ISBN 978-3-499-01481-9

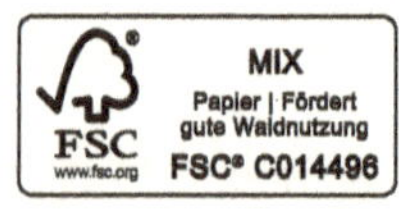

INHALTSVERZEICHNIS

IM IRAN 9

AUF DER FLUCHT 55

IN DEUTSCHLAND 93

MEIN TRAUM VON OLYMPIA 147

MEINE ZUKUNFT 213

PROLOG

Die Olympischen Spiele sind für uns Sportler, die nicht aus milliardenschweren Profiligen im Fußball, aus Tennis oder Golf kommen, ganz sicher das größte Ziel, das es zu erreichen gilt.

Wenn alles gut geht, was ich in dem Moment, in dem ich dieses Buch schreibe, noch nicht hundertprozentig weiß, woran ich aber fest glaube, wird sich dieser Traum in Paris im Sommer 2024 für mich zum zweiten Mal nach Tokio 2021 erfüllt haben.

Tokio war schön und ein großartiges Erlebnis, doch ich konnte es nicht richtig genießen. Der Weg dorthin war steinig und hatte nur wenig mit meiner sportlichen Qualifikation zu tun. Wäre mein Leben in geraden Bahnen verlaufen, wäre ich wahrscheinlich auch so in Japan am Start gewesen. Doch irgendwie hatte es das Schicksal anders gemeint, und ich musste einen weiten Umweg gehen, um mir diesen größten Sportlertraum zu erfüllen.

Dabei hat eine chemische Verbindung eine wichtige Rolle gespielt.

Wasser, oder kurz und knapp H_2O, ist für die einen eine einfache Formel, für mich ist es alles. Mein ganzes bisheriges Leben hatte immer mit Wasser zu tun.

Wasser gibt Leben, und Wasser kann es nehmen.

Es ist ein Element, das unendlich viel Einfluss auf so vieles hat.

Ich bin am Wasser geboren, dort aufgewachsen und als Kanute durch das Wasser geworden, was ich bin.

Auf meiner langen Reise vom Iran nach Deutschland war es aber auch eines der härtesten Hindernisse, das mein altes von meinem gegenwärtigen Leben getrennt hat.

Es war eine Reise, die ich nicht freiwillig angetreten habe, sondern die viel mit der Situation in meiner Heimat zu tun hat, die beinahe täglich neue schreckliche Schlagzeilen produziert.

Öffentliche Hinrichtungen, Menschenrechtsverletzungen und die Unterdrückung von Frauen prägen das Bild eines Landes, in dem ich einst eine sehr glückliche Kindheit verbracht habe.

Ich habe dem Wasser alles zu verdanken und hätte darin auch alles verlieren können.

Jeden Tag sehen wir in den Nachrichten, wie Menschen im Mittelmeer untergehen. Tatsächlich habe ich Wasser nie als Bedrohung wahrgenommen, sondern als Chance. Im Nachhinein muss ich sagen, dass ich viel Glück hatte, immer oben zu bleiben.

Eine besondere Eigenschaft von Wasser ist, dass es einen mitreißen kann. Strömungen können sowohl empowernd als auch tödlich sein.

Bei mir kam die Strömung manchmal von hinten und hat mich getragen, doch viel häufiger musste ich gegen sie ankämpfen.

Wenn ich nun in Paris zum zweiten Mal bei den Olympischen Spielen an den Start gehen kann, ist das nicht einfach nur meinen Trainingsleistungen zu verdanken. Der Weg dorthin war unendlich weit - und mit vielen Hindernissen verbunden. Viel weiter als die rund 4000 Kilometer, die zwischen meinem alten und meinem neuen Zuhause liegen.

Doch letztendlich geht es nur darum, weiterzupaddeln und nie aufzuhören zu kämpfen.

Die Geschichte, die ich erzählen will, ist die von einem langen Kampf gegen die Strömung.

IM IRAN

1. ALTE HEIMAT

Wenn man mich heute fragt, wo meine Heimat ist, sage ich längst aus voller Überzeugung: Deutschland.

Das gilt aber vor allem für mein zweites, mein neues Leben.

Um das beginnen zu können, musste ich mein altes Leben in meiner alten Heimat Iran hinter mir lassen.

Eine Heimat, der ich viel zu verdanken habe.

Leider ist es vor allem eine Heimat, über die die Menschen trotz allem nur wenig wissen.

Meistens sind es negative Schlagzeilen über unsere Regierung und die Menschenrechtsverletzungen, an die zuerst gedacht wird, wenn ich sage, wo ich geboren wurde.

Das ist schade, denn der Iran hat als Land der Kultur unendlich viel zu bieten.

Wenn man es ganz genau nimmt, bin ich am 18.05.1371 geboren. Das liegt daran, dass im Iran seit 1925 der Dschalāli-Kalender als amtlicher Kalender verwendet wird. Er richtet sich nach der Sonne. Die Zeitrechnung des iranischen Kalenders beginnt mit der Auswanderung bzw. der Flucht des Propheten Mohammed von Mekka nach Medina und passt deshalb ganz gut in meine Geschichte.

Nach deutscher Zeitrechnung bin ich am 9. August 1992 in Bandar Anzali geboren, einer Hafenstadt mit etwa 115 000 Einwohnern in der Provinz Gilan. Bandar Anzali liegt 350 Kilometer nordwestlich von Teheran, direkt am Kaspischen Meer, und ist links und rechts von Wasser umgeben. Bei uns erinnert alles etwas an Venedig, denn wir liegen an einer der größten Lagunen der Welt.

Auf Satellitenbildern kann man leider sehr gut sehen, dass die Lagune in den letzten Jahrzehnten deutlich kleiner geworden ist. Das Meerwasser spült permanent Sand an. Durch die Sanktionen gegen den Iran fehlen die Maschinen, um den Sand abzupumpen.

Die ganze Region um Anzali herum ist sehr grün, denn durch die Lage am Kaspischen Meer nördlich des Elburs-Gebirges herrscht bei uns ein ähnliches Klima wie in Deutschland. Im Sommer wird es zwar sehr heiß, aber es regnet auch recht häufig, und im Winter kann es sogar schneien.

Die Stadt ist für ihre bunten Häuser am Wasser bekannt. Die meisten Männer arbeiten, genau wie mein Papa Saber, im Hafen der Stadt, dem wichtigsten Handelshafen des Iran. Bei uns gibt es zwei große Firmen, bei denen beinahe jeder angestellt ist.

Die eine Firma arbeitet mit dem Zoll und kümmert sich um alles, was in den Iran reinkommt, zum Beispiel Metall, Autos, Holz. Die andere Firma beschäftigt sich mit allem, was mit Wasser zu tun hat, vor allem mit Fischen und Meeresfrüchten. Damit kann man viel Geld verdienen, denn bei uns gibt es sehr teuren und bekannten Kaviar. Mein Papa hat sein ganzes Leben in diesem Unternehmen gearbeitet. Irgendwann war er dort sogar Chef der Logistik.

Die Menschen gehen im Iran allerdings viel früher in Rente als in Deutschland. Du musst 30 Jahre in die Krankenversicherung einzahlen, und dann gehst du in den Ruhestand, egal ob du 50 oder 60 bist. Mein Papa hat deshalb etwa mit Anfang 50 aufgehört zu arbeiten. Meine Mama Mastaneh hat sich daheim als Hausfrau anfangs vor allem um mich und meine drei Jahre ältere Schwester Sahar gekümmert.

2. UNRUHIGES KIND

Wenn ich heute zurückblicke, muss ich gestehen, dass ich es meinen Eltern nicht immer leicht gemacht habe. Ich war ein ziemlich unruhiges und hyperaktives Kind, das viel geweint hat. Heute kann ich darüber lachen, doch damals war das nicht immer einfach, denn ich habe dafür viel Prügel kassiert. Wir waren oft, meist alle zwei oder drei Nächte, bei Verwandten zu Besuch - im Iran völlig normal, denn die meisten haben sehr große Familien. Das war eigentlich ganz schön, weil diese Verwandten auch immer Kinder hatten. Leider habe ich mit denen immer Mist gebaut. Es war damals so, dass die Väter die Kinder schlugen, wenn sie zu unruhig waren. Das war eigentlich bei jedem Besuch so. Ein Besuch ohne Prügel vom Papa war kein Besuch. Aber das war nicht nur bei mir so. Die anderen haben es von ihren Vätern auch ordentlich bekommen.

Ich wollte immer Neues entdecken und war recht schnell gelangweilt.

Ich wollte nicht unbedingt Scheiße bauen, was kaputt machen oder jemanden ärgern. So was habe ich nie gemacht.

Die Prügel waren damals bei uns auch irgendwie völlig normal. Hat nicht der Vater geschlagen, waren es die Lehrer. Ich musste jeden Tag mehrmals den Arm ausstrecken, wenn ich irgendwas gemacht habe. Das waren meist völlige Belanglosigkeiten wie ein Witz im Unterricht oder eine Diskussion mit meinem Sitznachbarn. Dann mussten wir zum Schuldirektor oder zu seinem Stellvertreter. Die hatten entweder einen Stab aus Holz oder Äste von einem Granatapfelbaum. Diese Äste sind sehr fein und haben eine gute Stabilität. Damit haben sie auf unsere Hände geschlagen. Im schlimmsten Fall mussten wir auch mal die Schuhe ausziehen und uns umdrehen, damit sie auf unsere Fußsohlen hauen konnten.

So war es einfach.

Damit sind wir groß geworden.

Trotz der Prügel würde ich sagen, dass meine Kindheit sehr schön war.

Manchmal saß ich mit Freunden auf dem Dach eines Hauses, weil wir in Büchern gelesen hatten, wie die Gebrüder Wright Flugzeuge gebaut haben. Wir wollten dann auch unbedingt fliegen und haben irgendwas mit Flügeln konstruiert. Natürlich hat das nicht funktioniert, und wir sind abgestürzt. Zum Glück haben wir uns nicht verletzt.

Außerdem musste ich mich ständig bewegen und irgendwas Sportliches machen. Wir haben nach der Schule zum Beispiel immer barfuß Fußball auf der Straße gespielt. Das wiederholte sich jeden Tag. Raus aus der Schule, schnell nach Hause, Hausaufgaben machen und ab zum Fußball. Das war schön.

Ich habe es sehr genossen, mich zu bewegen, und hatte in meinem Vater einen tollen Förderer. Er war sehr sportlich, hat als Profi Volleyball gespielt und natürlich auch ein bisschen Fußball. In dieser Hinsicht war er ein großes Vorbild.

Als ich noch ganz klein war, habe ich mit meinem Vater zu Hause immer gerungen und Armdrücken gemacht. Das kann ich heute noch recht gut. Man sieht es mir nicht an, aber die ganze Kraft, die ich habe, verdanke ich meinem Papa. Das hat mir wahrscheinlich sehr geholfen, mich sportlich zu entwickeln.

Er hat mich immer unterstützt und mir Bälle gekauft, die meine Mama dann mit einem Messer wieder kaputt gemacht hat. Sie wollte nicht, dass ich Sport mache, aus Angst, ich könnte mich verletzen.

Anfangs war mir egal, was ich tue, Hauptsache irgendwas Sportliches. Ich habe alles ausprobiert und war in vielen Sportarten richtig gut. Vor allem in Judo und Volleyball hatte ich Talent und später sogar mal das Angebot, in der Volleyball-Juniorennationalmannschaft mitzuspielen. Ich konnte einfach nicht ruhig sitzen und musste mich ständig bewegen.

3. IM KANU

Im Kanu war ich für internationale Verhältnisse allerdings ein echter Spätstarter. Während die Kinder in Deutschland oft schon mit sieben oder acht anfangen, war ich bereits elf oder 12, als ich das erste Mal in einem Rennboot gesessen habe. Dabei ist Kanu bei den Jugendlichen bei uns in der Stadt eigentlich die erste Sportart, und das, obwohl es mit «Malavan Anzali» sogar einen Erstligaclub aus der iranischen Fußballliga gibt. Doch Kanu ist einfach das, was am nächsten liegt. Durch die Lagune ist bei uns in Bandar Anzali wirklich überall Wasser. Wenn du gegen 14 Uhr durch die Straßen liefst, sahst du an jeder Ecke Jungs, die mit einem Paddel im Rucksack zu den Vereinen liefen, die es überall dort gab.

Eines Tages war ich bei meinem Papa im Büro am Hafen und wollte unbedingt mitmachen, als ich all die anderen auf dem Weg zum Wasser gesehen habe. Das Problem war jedoch, dass ich nicht schwimmen konnte, zumindest nicht richtig. Natürlich war ich als Kind oft im Wasser, allerdings hatte ich das nie so richtig gelernt. Ich konnte mich schon einigermaßen über Wasser halten, indem ich den Kopf wie ein Hund weit rausgestreckt und mit den Händen versucht habe vorwärtszukommen, aber mit richtigem Schwimmen hatte das nur sehr wenig zu tun.

Ich bin irgendwann mal zu einem Kanu-Club rüber und habe gesagt: «Das, was ihr da macht, interessiert mich, ich will hier anfangen.» Der Trainer hat dann gefragt: «Okay, kannst du schwimmen?» Ich habe gesagt: «Ja, klar», bin mich umziehen gegangen, reingesprungen und natürlich sofort untergegangen.

Dann hieß es sofort: «Nee, nee, erst mal Schwimmen lernen.» Mein Onkel war inoffiziell Schwimmlehrer, und bei ihm habe ich mit etwa 12 Jahren endlich richtig Schwimmen gelernt.

Parallel durfte ich mit einer Schwimmweste mit dem Paddeln beginnen. Leider hat das nicht so gut funktioniert, weil die Schwimmweste viel zu groß war und immer irgendwie über meinem Kopf hing. Ich muss allerdings gestehen, dass ich am Anfang wirklich schlecht war. Das hatte nicht nur mit der Weste zu tun. Wahrscheinlich hatte es mich viel mehr gereizt, mal wieder eine neue Sportart auszuprobieren, als unbedingt Kanu lernen zu müssen.

Ich war niemand, der sich mit viel Talent ausgestattet in das Kanu gesetzt hat und gleich losgepaddelt ist. Ich musste mir das bis heute alles hart erarbeiten.

Allerdings hat es mir trotz der Probleme von Anfang an richtig Spaß gemacht. Sonst wäre ich auch niemals dabeigeblieben, denn ich hatte ja noch andere Möglichkeiten. Im Judo war ich zu Beginn eigentlich viel besser. Das würde ich gerne immer noch machen, denn das ist mir immer im Herzen geblieben.

Mein Ziel war schon früh, mal Asienmeister zu werden, und so musste ich mir die Frage stellen, in welcher Sportart das am einfachsten zu erreichen sein könnte. Im Judo war die Konkurrenz vor allem durch Kasachstan und Usbekistan viel stärker als beim Kanu. Bei allem, was ich ausprobiert habe, habe ich schon früh an Erfolg gedacht. Am Anfang willst du Spaß haben, die Sportart wird zu deinem Hobby, und dann machst du dein Hobby zum Beruf. Ab diesem Zeitpunkt willst du Erfolg haben. Dann willst du noch mehr und noch mehr und noch mehr. Hier beginnen oft die Probleme. So war es auch bei mir, denn irgendwann ging es mir nur noch um den Erfolg.

Ich hatte klein angefangen und war mir recht bald sicher, dass es möglich wäre, damit ganz nach oben zu kommen, auch wenn es mit viel Arbeit verbunden sein würde. Mir war durchaus klar, dass alleine schon der Weg bis in unsere Nationalmannschaft sehr lang, steinig und hart werden würde.

4. MAMA

Während mein Papa, der ja selbst ein begeisterter Sportler war, von Anfang an hinter mir stand, hatte meine Mama damit echte Probleme. Als Hausfrau war sie vor allem diejenige, die sich um uns Kinder gekümmert hat. Sport war nicht so ihr Ding. Wenn mir mein Papa einen Fußball gekauft hat, hat sie ihn wie gesagt zerschnitten. Deswegen haben wir oft gleich zwei besorgt. Sie hatte dann für sich ein gutes Gefühl, wenn sie dachte, ich hätte jetzt keinen Fußball mehr, und ich hatte trotzdem noch einen, den ich nur gut verstecken musste. Im Nachhinein hat sie mir mal gesagt, dass sie aus Angst so gehandelt hat. Sie hatte früh einen Bruder verloren, der im Meer ertrunken ist.

Das ist Mama. Man fragt nicht. Sie wollte das nicht, also hat sie mich immer vom Sport zurückgehalten. Ihr wäre es viel lieber gewesen, wenn ich mich nur auf die Schule konzentriert hätte.

Ich habe auch nicht nachgefragt. Sie hatte bestimmt ihre Gründe. Vielleicht dachte sie auch, dass ich rauche oder spät nach Hause komme, wenn ich zum Verein gehe. An meiner schulischen Leistung kann es auf jeden Fall nicht gelegen haben, denn ich war ein sehr guter Schüler. Ich musste nicht viel lernen, und die Noten haben eigentlich immer gepasst.

Bei uns gab es zwei Prüfungen im Jahr. Eine Zwischenprüfung und eine Endprüfung. Am Ende wurde dann aus allen Fächern eine Durchschnittsnote errechnet. Das Maximum ist 20, und ich lag immer so um die 19. Mein Spaß am Unterricht ließ dann aber auf dem Gymnasium deutlich nach, als ich ins Teenageralter kam. Da bin ich nicht mehr regelmäßig zur Schule gegangen. Ich bin zwar morgens früh raus aus dem Haus, damit meine Mama nichts merkt, habe mich dann aber lieber mit Freunden zum Billard verabredet. Ich hatte keinen Bock mehr auf die Schule, habe aber trotzdem weiterhin mit ordentlichen Noten bestanden. Das Lernen fiel mir irgendwie leicht, auch wenn ich es gehasst habe. Ich habe es vor mir hergeschoben, so lange es ging, und oft erst mitten in der Nacht erledigt.

Im Kanu bin ich leider erst mal nur sehr langsam vorangekommen. Im Gegensatz zur Schule war ich da zu Beginn wirklich schlecht.

Mein Trainer hat mich oft nach Hause geschickt, weil alle schneller waren als ich. Ich habe das alles überhaupt nicht ernst genommen und mich nicht konzentriert. Ich bin einfach ins Boot gestiegen und wollte nur paddeln. Nach 500 Metern schnellem Paddeln habe ich nur noch Witze gemacht und andere abgelenkt. Ich glaube, ich war eine echte Katastrophe für die Trainingsgruppe. Vielleicht hatte ich ADHS. Ich habe keine Ahnung. Meine Mama war sich mit dem Trainer immer einig, wenn er von mir mal wieder genug hatte.

Trotzdem wollte er mich nicht aufgeben, denn er sah durchaus Potenzial und hat immer zu ihr gesagt: «Saeid wird mal sehr erfolgreich werden, du musst mir helfen!»

5. ERLEUCHTUNG IM SCHNEE

Im Jahr 2007 hat es im Iran richtig heftig geschneit. Viele Städte waren drei oder vier Meter hoch eingeschneit, und es gab viele Schäden. Auch bei uns war alles kaputt, und wir durften und konnten nicht paddeln gehen, weil die Lagune zugefroren war. Ich war damals 16 Jahre alt und hatte mich gerade für die B-Nationalmannschaft der Junioren qualifiziert. Ich war auf der einen Seite schon recht gut, aber noch nicht überragend. Mein größtes Problem war nach wie vor, aus mir rauszuholen, was wirklich möglich gewesen wäre.

An einem Abend bin ich dann einfach mit Joggingsachen raus, obwohl mir der Schnee bis zur Hüfte reichte. Während ich durch den Schnee stapfte, habe ich mich gefragt: «Was willst du eigentlich? Wo möchtest du hin? Was willst du mal machen?» Ich bin dann immer schneller gejoggt, obwohl ich das überhaupt nicht gerne gemacht habe. Man könnte sagen, dass ich in einen richtigen Tunnel gerannt bin.

Von da an habe ich angefangen, mir Ziele zu setzen. Es hat mich geärgert zu wissen, dass ich mehr kann und besser bin als die anderen, sie aber trotzdem immer schneller waren als ich. Da habe ich mir gesagt: «Okay, Saeid, dann gib dir jetzt endlich richtig Mühe, zieh durch, du schaffst das, und du kannst das.»

Ich fing an, viel an meiner Technik zu arbeiten, denn die war nie wirklich gut, bis zum heutigen Tag. Ich hatte zwar enorm viel Kraft, was sicher durch den vielen Sport und das Armdrücken und Ringen mit meinem Papa kam, konnte sie aber nicht aufs Wasser bringen.

Nach meinem Schneespaziergang habe ich einen großen Sprung gemacht. Ganz sicher auch, weil ich im Kopf nun viel erwachsener war. Ich war an dem Punkt angekommen, an dem ich es allen, vor allem aber mir selbst zeigte. Ich wollte es in meinem Leben sowieso nur ganz selten anderen zeigen. Mir war es immer wichtiger, mich an mir selbst zu messen. Ich will dann jeden Tag beim Training schneller sein als am Tag davor. Ich sehe nur meine Uhr, meine Geschwindigkeit, meine Zeiten. Ich vergleiche mich nur mit mir selbst.

Es war nicht so, dass ich plötzlich völlig anders trainiert habe als zuvor, aber eben viel konzentrierter. Davor habe ich nur das Paddel ins Wasser getaucht und mit Kraft und Gewalt daran gezogen. Nun war es mir wichtig, weniger zu quatschen, mich auf die Technik zu konzentrieren und mir Ziele zu setzen, die ich erreichen wollte. Das Training ist gleich geblieben. Ich habe mir jeden Tag gesagt: «Zeig dir selbst, dass du das schaffst.» Mein Papa hat mir immer gesagt: «Wenn du schlecht bist, nehme ich dich raus.» Wir waren und sind immer sehr ehrlich zueinander gewesen. Vor ihm habe ich auch zugegeben, wenn ich gemerkt habe, dass ich es nicht schaffe und mich nicht mehr entwickeln kann. Es war von Anfang an abgemacht, aufzuhören, wenn es nicht weitergeht, auch mit meinem Vater. Während er schon lange wusste, dass ich mehr kann, hatte ich es nun auch begriffen. Und dann hat es auch geklappt. Aber es war immer noch nicht leicht.

Ich bin dann ständig besser geworden und ganz schnell in die Junioren-A-Nationalmannschaft aufgestiegen. 2008 gehörte ich schon fest zum Team und durfte im nächsten Jahr zur Junioren-WM nach Moskau fahren. Dort gelang mir im Zweierkajak über 1000 Meter mit Platz 10 auf Anhieb ein richtig gutes Ergebnis mit Aussagekraft. Und das bei den besten Junioren der Welt. Noch im gleichen Jahr wurde ich dreifacher Junioren-Asienmeister und im Jahr darauf erneut Junioren-Asienmeister. Das war wunderbar, denn die Meisterschaften fanden 2009 im Iran statt und meine Eltern konnten zuschauen. Das hat mich sehr gefreut und stolz gemacht, weil Mama ja lange nicht so überzeugt von meinem Wunsch war, Leistungssportler zu werden. Ich habe Fotos auf meinem Handy, auf denen ich mit Mama und Papa vor der iranischen Flagge stehe und auf denen man sehr gut sehen kann, wie glücklich sie waren. Selbst meine Mutter. Vielleicht hat es geholfen, dass ich nach meinem Erfolg unseren Staatspräsidenten Mahmud Ahmadinejād getroffen habe. Am Ende des Jahres gab es eine Feier für alle siegreichen Sportler. Da war er höchstpersönlich vor Ort und hat mir die Hand geschüttelt und ein Zertifikat und ein Geschenk gegeben. Ich erinnere mich noch ganz gut, wie er vor mir stand und gesagt hat: «Herr Fazloula, da ist eine kleine Münze für dich.»

Wahrscheinlich war es ganz gut, dass ich zu dieser Zeit nicht wirklich viel nach Mädchen geschaut habe. Als ich als Teenager im Verein war, habe ich mich in jemanden verliebt, die sieben Jahre älter war als ich. Ein blondes Mädchen mit blauen Augen, was im Iran durchaus ungewöhnlich ist. Sie hat mich auch sehr, sehr gemocht. Ihretwegen hat mich der Trainer oft nach Hause geschickt, und ich habe Trainingsverbot bekommen. Das war ein ständiges Auf und Ab.

Mit 17 war es vorbei zwischen uns, aber sie ist immer in meinem Kopf geblieben. Man merkt mir nicht an, wie schüchtern ich bin, aber bis jetzt habe ich noch nie eine Frau direkt gefragt. Ich habe mich nie getraut, weil ich es hasse, ein Nein zu hören. Wenn etwas abgelehnt wird, ärgert mich das unheimlich. Ich schäme mich dann. Wir haben es ein paar Jahre später noch mal miteinander versucht, aber es hat trotzdem nicht funktioniert. Sie hatte einen anderen Typen, auf den ich sehr eifersüchtig war. Ich war dauernd angepisst und sehr aggressiv. Anschließend war ich traurig, dass ich keine Freundin hatte. Ich habe es zwar manchmal versucht, doch es sollte eben nicht sein. Wer weiß, wofür es gut war, denn zu dieser Zeit ging es dafür im Sport enorm voran. Später habe ich dann alles nachgeholt.

6. EXKURS IN DEN KANUSPORT

Kanurennsport ist ganz sicher kein Massensport wie Fußball. Dafür ist der Aufwand, den es bedarf, bis man mal im Boot sitzt und nicht gleich wieder umkippt, recht groß. Das ist kein Sport, den jeder sofort kann. In Deutschland ist Rudern deutlich bekannter als Kanu. Deshalb muss ich häufig erklären, was ich eigentlich mache. Viele schmeißen Kanu und Rudern in einen Topf. Dabei gibt es einen riesigen Unterschied.

Wir Kanuten fahren vorwärts und sehen, wo wir hinpaddeln, die Ruderer fahren rückwärts und sitzen mit dem Rücken in Fahrtrichtung. Bei uns Kanuten wird wiederum zwischen Kanadier und Kajak unterschieden. Die Kanadier knien und paddeln einseitig, wobei sie das Paddel von oben nach unten einstechen und dann nach hinten seitlich am Boot vorbeiziehen. Ich hingegen sitze in einem Kajak und halte ein Paddel, das an jedem Ende ein Blatt hat. Wir stechen abwechselnd links und rechts ins Wasser und drehen dabei immer das Blatt beim Durchziehen so, dass wir Vortrieb erzeugen. Das hat unheimlich viel mit Technik zu tun. Wer es nicht glaubt, sollte mal zum nächsten Kanuverein gehen und fragen, ob er auf dem Wasser mal in einem Rennkajak sitzen darf. Versprochen, das wird nicht lange dauern und für diejenigen, die zuschauen, sehr lustig, denn unsere Kanus sind sehr schmal und wackelig.

Zu unserer Familie der Kanusportler gehören auch noch die Stand-up-Paddler und die Drachenbootfahrer. Was uns alle miteinander verbindet, ist der Spaß, auf dem Wasser unterwegs zu sein. Während man beim Stand-up meist allein auf einer Art Surfbrett steht, ist man in einem Drachenboot Teil einer Gruppe.

Unser Sport ist für Freizeitsportler enorm gesund, denn es ist ein unheimlich gutes Kardiotraining. Man kann gemütlich vor sich hin paddeln oder eben mit hoher Intensität. Dann wird es zu einem richtigen Ausdauertraining und macht eine gute Figur. Unsere Sprinter sehen eher wie Bodybuilder aus, weil sie sehr intensiv kurze Distanzen zurücklegen, während wir Ausdauersportler eher typische Fitnessfiguren haben.

Wenn jemand Lust bekommt, das mal auszuprobieren, kann er mich gerne über die sozialen Netzwerke kontaktieren.

Im Leistungssport werden bei uns verschiedene Klassen unterteilt. Die olympischen Distanzen waren damals 200 und 1000 Meter, heute zählen auch die 500 Meter dazu. Dazu gab es noch eine Langstrecke über 5000 Meter, die aber bei Olympia nicht im Programm ist. Bei mir war das alles gut aufgeteilt. Über 500 Meter bin ich im K4 gefahren, die 1000 und 5000 Meter jeweils im K2, also zu zweit in einem Boot.

Für mich war der Kanusport von Beginn an viel mehr als ein Sport. Wenn ich es in einem Wort zusammenfassen müsste, würde ich sagen, Kanu ist Liebe.

Das Geräusch von einem Paddel, das ins Wasser eintaucht, verbunden mit dem Geruch des Wassers hat mich immer fasziniert.

Ich habe mich immer am wohlsten gefühlt, wenn ich in der Natur unterwegs war, denn ich wurde am Meer geboren und habe enorm viel Zeit auf dem Wasser verbracht.

Wenn ich aufs Wasser gehe, lasse ich alles los und muss nicht darüber nachdenken, was war, was ist oder was kommt.

In diesem Moment gibt es nur das Wasser, das Boot, das Paddel und mich.

7. WILLKÜR

In meinem Sport sind Olympische Spiele das Höchste. Davon wird in diesem Buch noch oft die Rede sein. Der Kampf bis dorthin sollte mich mein ganzes Leben als Leistungssportler begleiten.

Doch wenn du im Iran anfängst und aus der Jugend kommst, willst du erst einmal Asienmeister werden und danach zu den Asian Games. Sie sind die nächste Stufe und so was wie Olympische Spiele in Asien.

Nach meinen Siegen bei den Junioren-Asienmeisterschaften 2008 und 2009 war mein nächstes Ziel deshalb auch die Teilnahme an den Asian Games in Guangzhou 2010 in China. Ich war mir sicher, dass ich dort an den Start gehen würde. Doch als unser Verband nach den Junioren-Asienmeisterschaften das Team für China nominiert hat, war meine Enttäuschung riesig, weil ich nicht für die Reise vorgesehen war. Das konnte ich absolut nicht verstehen, denn ich hatte ja gerade drei Titel bei den iranischen Staatsmeisterschaften gewonnen.

Wir Sportler waren damals alle im Azadi Sports Complex stationiert. Das ist eine riesige Anlage, die für die Asian Games 1974 erbaut und später im Hinblick auf eine iranische Olympiabewerbung erweitert und aktualisiert worden war. Dort kann man wirklich jede Sportart ausüben. Mittendrin steht ein riesiges Stadion mit Platz für 78 000 Zuschauer, in dem unsere Fußballnationalmannschaft ihre Heimspiele austrägt. Für uns Wassersportler gab es da sogar einen See, auf dem wir allerbeste Trainingsmöglichkeiten hatten. Das ist im Iran alles etwas anders als in Deutschland, wo es quer durchs Land verteilt überall Bundesstützpunkte gibt. Wir mussten dort immer drei Wochen am Stück im Trainingszentrum trainieren, bevor wir wieder für eine Woche nach Hause durften. In den drei Wochen wohnten wir Sportler im Internat auf dem Gelände.

Nach den Meisterschaften haben sie dann einfach ein paar Sportler für die Asian Games benannt und den Rest von uns nach Hause geschickt. Es hieß, dass wir fürs Erste in den Clubs in unseren Heimatstädten trainieren sollten. Das wurde einfach so bestimmt, ohne dass wir die Chance gehabt hätten, uns in Ausscheidungsrennen beweisen zu können.

Kurz vor der Abreise nach China hatten wir es allerdings doch noch geschafft, trotzdem nach Teheran zu fahren und Ausscheidungsrennen zu erzwingen. Ich war richtig gut drauf und konnte das Rennen im Einer über 200 Meter tatsächlich gewinnen. Für mich war damit völlig klar, dass ich nach China fahren würde. Wer, wenn nicht der Schnellste, sollte bitte schön den Iran bei den Asian Games vertreten. In der Situation habe ich zum ersten Mal gelernt, dass im Iran vieles willkürlich ist. Als ich zum Trainer gegangen bin und gefragt habe: «Okay, was ist jetzt?», hat er mir erklärt, dass es jetzt zu spät und ich raus sei. Wir hatten von Anfang an nie eine faire Chance. Das fühlte sich richtig mies an. Die wollten uns und mich nicht, und wir mussten das einfach hinnehmen. Das sind diese Niederlagen, gegen die du nichts machen kannst, weil sie nicht fair sind. Das war einfach nur ungerecht und extrem schmerzhaft.

Die Mannschaft kam dann recht erfolgreich von den Asian Games zurück und wurde mit Geld belohnt. Als ob das nicht gereicht hätte, haben die anderen mich damit auch noch geärgert. Wenn man in der Nationalmannschaft ist, bekommt man etwas

Geld vom Staat, damit man im Trainingslager leben kann. Für Medaillen gibt es aber einen ordentlichen Zuschlag. Ich musste mir dann von irgendwelchen Kollegen, die ich beim Ausscheidungsrennen klar geschlagen hatte, sagen lassen, dass sie nun mehr bekommen als ich. Dieser Kindergarten hat mich genervt. Ich muss gestehen, dass ich psychisch nicht sehr stark war. Man kann mich innerhalb von zehn Sekunden so ärgern, dass ich mich kaum noch beherrschen kann. Ich mache alles mit dem Herzen und bin zu allen ehrlich. Dadurch ist die Enttäuschung bei mir sehr schnell extrem groß, wenn ich mich ungerecht behandelt fühle.

Das Geld hätte ich gut brauchen können, denn es gab Momente, in denen ich es mir nicht mal mehr leisten konnte, mit dem Bus nach Hause zu fahren. Weil ich mich dann nicht getraut habe, meinen Vater um Hilfe zu bitten, musste ich die nächsten drei Wochen am Stück im Trainingslager bleiben. Das tat unendlich weh und ich habe mit der Ungerechtigkeit gehadert, denn hätte ich die faire Chance gehabt, mich für die Asian Games 2010 zu qualifizieren und eine Medaille zu gewinnen, hätte ich auch mehr Geld verdienen können.

8. EIN ÄRGER KOMMT SELTEN ALLEIN

Im Iran muss jeder ab 18 zur Armee. Entweder geht man sofort oder direkt nach dem Studium. Wenn man wie ich Asienmeister ist, bekommt man einen bevorzugten Zugang zur Universität und kann direkt anfangen zu studieren. Die anderen müssen erst einen Test machen, bevor sie auf die Uni dürfen.

Nach meinem Sieg bei den Asienmeisterschaften 2009 bin ich also mit meinem Zertifikat, das mich als Asienmeister ausgewiesen hat, zum Sportministerium gegangen und durfte mich direkt auf einer staatlichen Universität im Fach Sportwissenschaft einschreiben. Dummerweise ging das Studium mit dem Sport nicht zusammen. Durch das Training im nationalen Trainingszentrum in Teheran hatte ich einfach keine Zeit, regelmäßig zur Uni zu gehen. Die verstanden da auch keinen Spaß und haben mich gleich wieder rausgeschmissen. Das gab eine riesige negative Presse und jeder wollte mit mir sprechen.

Obwohl ich gerade erst 18 war, habe ich das in Interviews auch ganz offen kritisiert. Das kam natürlich nicht überall gut an. Als unser Kultusminister davon hörte, hat er sich ganz gönnerhaft hingestellt und erklärt, dass man darüber nachdenken müsse, ob man mir nicht doch eine zweite Chance gäbe.

Dieses Rumgeeiere hatte mich so geärgert, dass ich keine Lust mehr hatte. Ich habe dann gesagt: «Wisst ihr was? Das Ganze ist es mir nicht wert.» Ich habe all das auch für das Land getan und hätte nun dessen Support gebraucht. «Wenn ihr mich nicht unterstützen möchtet, überlege ich mir was anderes» war dann auch meine trotzige Reaktion, mit der ich mich endgültig von der Uni verabschiedet habe.

Damit war nun aber auch klar, dass ich direkt zur Armee musste. Dort kam erneut mein Ärger darüber hoch, dass ich nicht zu den Asian Games gedurft hatte. Hätte ich teilgenommen und eine Medaille gewonnen, wäre ich von der Armee freigestellt worden. Leider hatte ich bis dahin nur eine Medaille von den Asienmeisterschaften. Mit ihr hatte ich aber immerhin einen Anspruch auf die Sportfördergruppe der Armee. Zumindest dachte ich das. Doch statt in der Nähe meines Trainingszentrums in Teheran wurde ich nach der Grundausbildung Ende 2012 in Salmas, an der iranisch-türkisch-armenischen Grenze, stationiert. Ich war nun an einem Ort, an dem ich niemals hätte landen wollen und der mir auf meinem weiteren Lebensweg noch mal begegnen sollte. Für mich war klar, dass ich sofort dort wegmusste, denn wir sollten zeitnah in die Berge aufbrechen. Da ist man dann drei Monate unterwegs, und wenn man Pech hat, gibt es wegen starker Schneefälle im Winter keinen Weg zurück. Das wollte ich auf keinen Fall haben. Mein Papa hat sich dann zu Hause meine Asienmeister-Urkunde geschnappt und ist stundenlang nach Teheran gefahren, um die Bestätigung zu holen, dass ich ein Anrecht auf die Sportfördergruppe habe. In der Zwischenzeit stand der Abmarsch in die Berge unmittelbar bevor, und ich musste unbedingt verhindern, dass die mich mitnehmen. Kurzerhand bin ich vom Stützpunkt weggerannt und habe mich für ein paar Stunden in einem Park versteckt, bis mein Vater nach fast 20 Stunden Fahrerei endlich dort angekommen ist.

Ich habe dem diensthabenden Offizier erleichtert meine Versetzungsurkunde zur Sportkompanie vorgelegt und ab diesem

Moment nur noch Sport gemacht. Insgesamt war ich bis zu meinem Austritt aus der Armee im Herbst 2014 für etwa 21 Monate beim Militär. Das war alles in allem letztendlich doch keine schlechte Zeit, weil ich dort gut versorgt war und sportlich die nächsten Schritte machen konnte. In Deutschland ist es ganz ähnlich. Es gibt eine große Sportfördergruppe bei der Bundeswehr, die den Athleten von olympischen Sportarten nahezu einen Profistandard bietet und die es für viele reizvoll macht, sich bei der Truppe zu verpflichten.

9. ASIENS OLYMPIA

Die Zeit in der Sportförderkompanie hat mir gutgetan. Ich konnte mich endlich voll auf den Sport konzentrieren und immer wieder richtig gute Ergebnisse und Platzierungen einfahren. Das Wichtigste war für mich, dass es stetig nach oben ging. Bei meinen ersten Asienmeisterschaften bei den Erwachsenen schaffte ich es 2011 im Zweier direkt auf Platz 3. Eine Platzierung, die aufhorchen ließ und doch erst der Anfang war.

Zu diesem Zeitpunkt durfte ich auch immer wieder bei World Cups starten.

Das war großartig. Endlich konnte ich die ganzen Jungs, die ich bis dahin nur aus dem Fernsehen kannte, sehen und sogar gegen sie starten. Plötzlich stand ich mit Typen wie dem kanadischen Olympiasieger Adam van Koeverden oder dem Deutschen Max Hoff, der 2016 in Rio die Goldmedaillen gewonnen hat und der mir in meinem späteren Leben noch sehr helfen sollte, am Start. Als Neuling war es total faszinierend, sie live und in Farbe zu sehen und beim Training zu beobachten. Manchmal haben wir «kleinen Iraner» dann ganz leise Hallo gesagt, und die Stars haben zurückgegrüßt. Als wir wieder im Iran waren, haben wir allen stolz davon erzählt, dass wir unsere Idole getroffen haben.

Im Rahmen des Weltcups in Duisburg bin ich 2011 das erste Mal nach Deutschland gekommen. Leider habe ich vom Land nicht viel gesehen, denn wir durften uns meistens nur innerhalb unserer Gruppe bewegen.

Es ist nicht ganz wie im Gefängnis, aber wir hatten immer mindestens zwei iranische Aufpasser dabei. Eine Frau, die nur nach den Frauen geschaut hat, und einen Typ, der immer ein Auge auf uns Männer hatte. Die sollten verhindern, dass wir das Hotel verlassen, Schweinefleisch essen, zu Partys gehen oder Alkohol trinken. Auf den ersten Reisen wurden wir noch sehr beäugt - das hat sich mit der Zeit entspannt, als wir immer besser wurden. Da konnten wir fast machen, was wir wollten. Trotzdem ging der Ärger für mich auch in den nächsten Jahren weiter. Obwohl ich bei internationalen Wettkämpfen super Platzierungen erreicht hatte, durfte ich bis 2015 nie an Weltmeisterschaften teilnehmen. Die Verantwortlichen haben mich kurz vorher immer rausgenommen, obwohl ich oft deutlich vor den anderen lag, die an meiner Stelle starten durften. Das ist mir so auf die Nerven gegangen, dass ich deshalb ständig Streit mit den Trainern hatte.

Dementsprechend war es eine absolute Genugtuung für mich, 2013 bei den Asienmeisterschaften in Usbekistan gemeinsam mit meinem Partner Ali Aghamirzaei im K2 über 500 Meter eine Silbermedaille zu gewinnen. Natürlich schaut man dann nach vorne und sucht sich größere Ziele. Doch Olympia war zu diesem Zeitpunkt noch sehr weit weg, und erst mal ging es im September 2014 nach Incheon in Südkorea. Vier Jahre nachdem ich mich um meinen Startplatz bei den Asian Games in China betrogen gefühlt hatte, stand meiner Teilnahme bei Asiens Olympia nun endlich nichts mehr im Wege.

Obwohl ich noch nicht an Olympischen Spielen teilgenommen hatte, stellte ich mir vor, dass es sich so ähnlich anfühlen musste. Da waren Tausende Sportler, die alle in einem gemeinsamen Dorf wohnten. Die Eröffnungsfeier im Stadion von Incheon war ein riesiges Spektakel vor zigtausend Zuschauern, das in der ganzen asiatischen Welt live im Fernsehen übertragen wurde. Wir trugen beim Einmarsch blaue Anzüge mit rosa Hemden, schwenkten alle kleine iranische Fähnchen und folgten unserem Fahnenträger Behdad Salimi, der als Gewichtheber in London 2012 die olympische Goldmedaille gewonnen hatte. Ich kann gar nicht beschreiben, wie stolz ich in diesem Moment war, endlich mein Land bei so großen Wettkämpfen repräsentieren zu dürfen. In dem Moment hätte ich mir niemals vorstellen können, wie sehr sich alles in weniger als einem Jahr verändert haben würde. Ich war stolzer Repräsentant meiner Heimat und wollte unbedingt eine Medaille gewinnen, um es allen zu zeigen, die mich jahrelang kleingehalten und mir meine Chancen verwehrt hatten.

In unserem ersten Lauf über 1000 Meter waren mein Partner Ali und ich nicht zu bezwingen und zogen als Sieger direkt ins Finale, wo wir auf Bahn vier direkt neben den Favoriten aus Kasachstan starten durften, die sich gleich an die Spitze setzen konnten. Auf den ersten 500 Metern konnten wir noch mithalten, doch dann mussten wir etwas abreißen lassen. Dementsprechend galt es für uns, den zweiten Platz gegen die Chinesen abzusichern, die von hinten mächtig Druck machten. Im Ziel hatten wir zwar drei Sekunden Rückstand auf die Sieger, aber dafür souverän die Silbermedaille vor China gewonnen. Das war ein unvorstellbares Gefühl. Direkt nach der Zieldurchfahrt entstand das wohl bekannteste Foto, das jemals von mir gemacht wurde. Obwohl ich noch ausgepumpt nach Luft schnappte, legte ich mein Paddel vor mich und stellte mich mitten ins Boot, um kurz in die Knie zu gehen, Schwung zu holen und mit einem Rückwärtssalto über den rechten Bootsrand ins Wasser zu springen. Eine Medaille im Turnen hätte ich damit wahrscheinlich eher nicht gewonnen, aber die gesamte Aufmerksamkeit der Fotografen und TV-Kameras war mir sicher. Ich hatte schon im Iran immer gesagt, dass ich einen Salto aus dem Boot mache, wenn ich eine Medaille gewinne. Deshalb hatte ich diesen Sprung trainiert und wusste genau, was ich tat. Man stelle sich mal vor, wie peinlich es gewesen wäre, wenn ich nicht weit genug abgesprungen und auf dem Bootsrand aufgeschlagen wäre. Das Foto von diesem Salto ging dann auch als das Foto des Tages der Asian Games um die Welt.

Etwas später saß ich hinten auf dem Kanu, spritzte mit Wasser, reckte meinen Daumen hoch und schrie: «Ich habe das geschafft!» Das habe ich auch meinem Trainer gesagt: «Siehst du, jahrelang hast du mich rausgenommen, aber jetzt feierst du eine Medaille wegen uns und bekommst extra Lohn dafür.» In diesem Moment durfte endlich mein Frust darüber raus, dass man es mir nie leicht gemacht hatte und ich immer viel mehr gegen die Strömung kämpfen musste als andere.

Die Rückkehr in den Iran war ein großartiger Triumphzug. Wir wurden mit einem Autokorso empfangen und die ganze Stadt jubelte uns zu. In einer riesigen Sporthalle hingen große Banner von uns. Auf einmal kannte und erkannte mich jeder und jede, und ich hatte plötzlich sehr viele Verehrerinnen. Das hing vielleicht auch mit meinem Salto zusammen, weil jeder im Iran das Foto und die Videos in den Nachrichten gesehen hatte.

10. EIN BISSCHEN GENUGTUUNG

Eigentlich hätte jetzt alles mal richtig gut sein können, doch der nächste Ärger ließ nicht lange auf sich warten. Es war ausgemacht, dass die Medaillengewinner bei den Asian Games mit Goldmünzen belohnt werden. Für eine Goldmedaille sollten wir 150, für Silber 70 und für Bronze 35 Münzen bekommen. Das waren keine großen Münzen, hatten aber doch einen beträchtlichen Wert.

Aufgrund der wirtschaftlichen Sanktionen gegen den Iran wegen des Atomprogramms gab es jedoch plötzlich massive Veränderungen, denn unser Land wurde immer ärmer. Einzelsieger sollten zwar immer noch die volle Anzahl Münzen bekommen, während bei uns im K2 nun plötzlich geteilt werden sollte. Statt 70 Münzen bekam jeder von uns nur noch 35. Das war nicht fair, weil Silber eben nun mal Silber ist und deshalb beim Zweier genauso belohnt werden sollte wie beim Einer. Schließlich brüstet sich der Staat mit einer Medaille im Zweier oder Vierer genauso wie mit denen aus dem Einer. Das zog sich durch alle Belohnungen. Zusätzlich zu den Münzen gab es noch Geld vom Staat, vom Verband und sogar vom iranischen Konsulat. Doch egal was wir bekamen, es wurde alles halbiert, wenn man in einem Mannschaftsboot gefahren ist. Damit nicht genug: Statt 35 Münzen gab es plötzlich nur noch 30. Das konnte ich nicht verstehen, denn die Hälfte von 70 ist nun mal 35, auch im Iran. Natürlich habe ich mich beschwert und hatte gleich wieder Ärger im Verband. Ich habe, typisch Saeid, überall ein Riesendrama gemacht. Das begann noch in Incheon beim Geschenk, das wir beim Empfang des iranischen Konsulats bekamen. Die waren sofort sauer und haben bereut, uns überhaupt etwas als Anerkennung gegeben zu haben.

«Arschlöcher», habe ich da für mich gedacht, «wir haben das vereinbart, dann macht man das auch.» Natürlich habe ich das nicht ganz so deutlich gesagt. Ich habe den Sport nicht wegen des Geldes gemacht, aber abgemacht ist für mich abgemacht. Das wurde sehr schnell ein großes Thema. Ich habe das in Interviews unter anderem mit ISNA und FARS sehr deutlich angesprochen. Das sind Agenturen mit Sitz in London, die sehr kritisch über den Iran berichten.

Meine Interviews schlugen hohe Wellen. Irgendwann kam dann unser iranischer Kanupräsident und hat mir gesagt: «Halt deine Klappe, Saeid. Ich gebe euch diese fünf Münzen pro Person, damit jeder 35 hat.» Auf die warte ich noch heute.

Zwischendurch bekam ich Anrufe mit Drohungen, mich aus der Nationalmannschaft zu nehmen oder mir das Reisen nicht mehr zu erlauben. Das war normal und kam recht häufig vor. Ich hatte bereits früher schon mal Ärger, weil ich mich bei Wettkämpfen mit Frauen aus anderen Nationen getroffen hatte.

Als wir in den Iran zurückkamen, mussten wir zum Sportministerium und bekamen zwei Monate Reiseverbot. Wir mussten bei der Rückkehr sowieso immer die Pässe abgeben, weil dort unser Visum vermerkt war. Sie hatten wohl Angst, dass wir verschwinden würden.

Wie gesagt, es ist mir immer sehr schwergefallen, ruhig zu bleiben, wenn ich mich benachteiligt gefühlt habe. Trotzdem war diese Medaille aus Incheon etwas, das mir in jeder Hinsicht gutgetan hat. Schließlich war das der größte Erfolg meiner bisherigen Karriere.

Den Leuten, die mich immer provoziert und geärgert haben, konnte ich es nun zurückgeben. Fünf Jahre lang musste ich mir alles gefallen lassen, doch jetzt war ich dran. Dass ich vorher so oft kurzfristig nicht mitreisen durfte, hat sicher auch daran gelegen, dass ich meine Klappe nie halten konnte.

11. HEIMAT

Die Zeit nach den Asian Games war ziemlich heftig. Die Saison war zu Ende und wir haben nur noch gefeiert. Da habe ich eine Menge Sachen gemacht, die ich besser gelassen hätte. Der eine oder andere hatte Verwandte, die irgendwo ein Grundstück weit weg von der Stadt hatten. Da konnten wir dann ausgelassen feiern. Wenn die Polizei mal was mitbekommen hat, haben wir den Beamten ein bisschen Geld gegeben. Die meisten Polizisten haben nichts gesagt, weil wir durch unseren Erfolg in Südkorea sehr bekannt waren. Bei Personen der Öffentlichkeit wurde eher mal ein Auge zugedrückt. Da habe ich auch das erste Mal gekifft, was im Iran eigentlich strengstens verboten ist. Ich habe dreimal an einem Joint gezogen und musste mich übergeben, bis es nicht mehr ging. Das war furchtbar.

Manchmal hat sich das Leben im Iran wie im Gefängnis angefühlt. Man wusste, dass man ständig überwacht wird. Selbst im Ausland hatten wir immer unsere Aufpasser dabei. Manche Dinge waren einfach absurd. Man hat mir allein dreimal mein Auto abgenommen, weil ich zu laut Musik gehört habe, oder meinen Roller wegen Fahrens ohne Helm. Das eine oder andere Mal hatte ich Glück und konnte meinen Status als Promi nutzen. Ich habe den Polizisten dann immer meine Sportler-Karte gezeigt, auf der stand, dass ich Nationalfahrer bin. Manche waren freundlich und haben gesagt: «Los, hau ab.» Andere haben mein Auto oder meinen Roller trotzdem beschlagnahmt. Nach einer Woche und einer Strafzahlung habe ich meine Sachen wieder zurückbekommen.

Ich hatte auch keine Schwierigkeiten mit unserem Glauben. Ich bin von meinen Eltern als guter Moslem erzogen worden und regelmäßig in die Moschee gegangen. Auf der anderen Seite habe ich aber auch Alkohol getrunken, mal gekifft und hatte Sex vor der Ehe. Meine Eltern beziehungsweise vor allem meine Mutter hat mich nie zu etwas gezwungen. Sie ist zwar religiös, aber auf gar keinen Fall fanatisch. Wenn ich eine Freundin hatte, durfte ich die auch mit nach Hause bringen. Meistens habe ich dann zu meiner Mama gesagt: «Ich habe heute einen Gast. Kannst du vielleicht zur Oma gehen?» So was macht man nicht im Iran, wenn die Eltern zu Hause sind. Was hatte ich auch für eine Alternative? Ein Hotel buchen und mit einer Frau, mit der ich nicht verheiratet bin, dort Sex haben? Unmöglich. Die einzige Chance war bei uns zu Hause. Man kann sich das gar nicht vorstellen, wenn man frei aufgewachsen ist. Aber der Iran ist ein islamisches Land. Manchmal ist Mama gegangen, manchmal ist sie nicht gegangen. Das hing immer etwas von ihrer Laune ab. Väter tun sich da wahrscheinlich leichter. Mein Vater war auf meiner Seite. Er sah es lieber, dass ich was mit einer Frau habe, statt zu rauchen oder Alkohol zu trinken. Bei meiner Schwester hätte er das allerdings alles etwas strenger gesehen.

Trotzdem habe ich nie darüber nachgedacht, mich bei einem Rennen ins Ausland abzusetzen, auch wenn ein paar Freunde, die abgehauen waren, mich dazu ermutigen wollten. Ganz im Gegenteil. Mit dem Geld und den Belohnungen, die ich für meine Silbermedaille bei den Asian Games bekommen habe, hatte ich mir sofort ein Haus gebaut. Macht das jemand, der bald verschwinden will? Ich hatte nach den Asienmeisterschaften und zu Beginn der neuen Saison 2015 ganz viel Spaß am Sport. Ich war auf dem richtigen Weg und trotz aller Niederlagen und Streitereien mit dem Trainer sehr erfolgreich. Mein Ziel war, bei den Olympischen Spielen 2016 in Rio de Janeiro für meine Heimat zu starten, und das war eben der Iran.

Der Weg war absolut der richtige. Wir waren in den ersten Weltcups 2015 unglaublich schnell und hatten uns mit Plätzen zwischen 7 und 9 jedes Mal fürs A-Finale qualifiziert, bei dem die schnellsten Neun starten dürfen. So etwas war einem iranischen Boot noch nie zuvor gelungen. Damit konnten wir Mitte August mit einem sehr guten Gefühl zur Weltmeisterschaft 2015 nach Mailand fliegen, wo wir den Grundstein für die Teilnahme an den Olympischen Spielen legen wollten. Dass diese Reise mein Leben für immer verändern würde, hätte ich mir nie im Leben träumen lassen.

12. DIE VERHAFTUNG

Sportlich lief es in Mailand leider gar nicht. Wegen der starken Ergebnisse im K2 hatte unser Trainer die blöde Idee, dass wir neben dem Zweier auch im Vierer starten sollten. Mein Zweier-Partner, der im K2 vorne saß, war aber nicht so stabil, dass er alle Rennen durchziehen konnte. Dementsprechend schnell waren unsere großen Träume vom A-Finale ausgeträumt. Am Ende reichte es weder im K2 noch im K4 für die Teilnahme am B-Endlauf. Anschließend war die Stimmung im Team schlecht, zumal es immer noch Ärger wegen meiner Interviews gab, in denen ich die Halbierung der Prämien nach den Asian Games scharf kritisiert hatte. Auch in Mailand wären theoretisch wieder Medaillen und somit Prämien möglich gewesen, sodass das Thema bei den Journalisten weiterhin für viel Interesse sorgte, zumal ich meine Klappe immer noch nicht halten konnte beziehungsweise nicht halten wollte.

Noch vor dem Abflug zurück nach Teheran eskalierte das Ganze am Flughafen bei einem furchtbaren Streit mit unserem Präsidenten, in dem ich ihm sagte, dass ich keine Lust mehr habe und aufhören wolle. Das meinte ich in dem Moment durchaus so, denn ich hatte ein Haus, ein Auto und auch genug von Teheran. Ich konnte mir in dem Moment gut vorstellen, wieder mehr Zeit in Bandar Anzali zu verbringen und dort ein entspannteres Leben zu haben.

Einmal so richtig in Fahrt, wollte ich dann gleich noch die fünf fehlenden Münzen von unserem Verbandspräsidenten, die er uns versprochen hatte.

Doch irgendwie konnte oder wollte er sich nicht daran erinnern. Mit so jemandem wollte ich nichts mehr zu tun haben. Wenn mir einer unter vier Augen ein Versprechen gibt und sich anschließend so verhält, ist das alles wertlos.

Bei meiner Rückkehr in Teheran dachte ich aber schon gar nicht mehr an das Theater und freute mich, nach dieser blöden WM wieder zu Hause zu sein. Ich freute mich auf meinen Vater, der ein paar Stunden mit dem Auto gefahren war, um mich abzuholen und nach Bandar Anzali zu bringen.

Nach dem Aussteigen aus dem Flugzeug ging ich mit meinem Team durch den Tunnel, der es mit dem Terminal verbindet, und wollte wie immer nach links zur Passkontrolle abbiegen. Doch so weit kam ich gar nicht. Oben warteten bereits zwei Männer auf mich und sagten mir, ich müsse ihnen wegen Passproblemen bitte folgen. Ich habe mir nichts dabei gedacht, weil die beiden recht höflich waren. Hätten sie mich an Ort und Stelle festgenommen, hätte ich vor allen Leuten ein riesiges Drama veranstaltet.

Sie haben mich zu einem Raum geführt, was mich auch noch nicht weiter beunruhigte. Passprobleme konnten vorkommen, und nichts hatte den Eindruck gemacht, es könne größere Schwierigkeiten geben. Dieses Gefühl änderte sich aber ab dem Moment, in dem ich den Raum betrat und die Tür geschlossen wurde. Noch bevor ich richtig kapierte, was gerade passiert, wurde mir ein blickdichter Sack über den Kopf gestülpt. Meine Hände waren zwar nicht gefesselt, aber die Ansage war klar und eindeutig: «Du kriegst Ärger, wenn du die Hände rausnimmst.»

Ich habe das allerdings immer noch nicht ernst genommen und gedacht, bei so etwas wie *Versteckte Kamera* gelandet zu sein. Ich war mir sicher, dass die mich verarschen wollen. Ich konnte mir auch überhaupt nicht vorstellen, was ich getan haben sollte. Ich habe meinen Mund gehalten und mir gesagt: «Okay, ich bleibe stark.»

Doch je länger die Situation andauerte, desto mehr setzte sich bei mir der Gedanke durch, dass hier was nicht stimmen kann. Als sie mir dann doch irgendwann meine Hände fesselten, wusste ich, dass ich nun in echten Schwierigkeiten war, wobei ich immer noch ganz leise hoffte, dass meine Kumpels dahintersteckten.

Mit Sack über dem Kopf wurde ich einige Flure entlanggeführt. Dazu wurde mir die ganze Zeit von der Seite gedroht: «Wenn du den Mund aufmachst, kriegst du Ärger. Wenn du schreist oder um Hilfe rufst, machen wir dich fertig.» Mir war sowieso klar, dass das sinnlos wäre. Ich war komplett orientierungslos und weiß bis heute nicht, wo sie anschließend mit mir hingefahren sind. Es können ein paar Minuten, aber auch einige Stunden Fahrt gewesen sein. Dort kam dann auch langsam Panik auf, weil ich daran dachte, dass mein Papa auf mich wartete. Er lief ewig über den Flughafen und sprach alle Leute an, die er irgendwie mit meinem Team in Verbindung gebracht hat. «Wir wissen nichts. Saeid ist mit uns angekommen, aber irgendwann war er verschwunden. Wir wissen nicht, wo er ist», war die immer gleiche Antwort. Alle wussten, dass ich mitgeflogen bin, aber nicht, was mir nach der Ankunft passiert ist.

Ich bin irgendwann mit meinen Bewachern in einem Gebäude angekommen. Ich weiß nicht, ob es echt war oder aus dem Lautsprecher kam, aber dort war zu hören, wie Leute schrien, geschlagen und auch ausgepeitscht wurden. Eigentlich kann ich unterscheiden, ob jemand neben mir in echt schreit, aber nicht, wenn es aus irgendwelchen geschlossenen Räumen kommt. Es kann echt gewesen sein, aber auch inszeniert, um mir Angst zu machen. Im Iran ist leider vieles möglich.

Irgendwann wurde ich dann in einen Raum geführt, in dem ich mich auf einen Stuhl direkt vor eine nackte Wand setzen musste. Dort haben sie mir zum ersten Mal den Sack vom Kopf gezogen. Meine Hände blieben weiterhin hinter dem Rücken gefesselt. Ich weiß nicht sicher, wie viele Personen bei mir waren, aber ich glaube, es waren drei, die mir klar gesagt haben, dass ich nur zur Wand schauen darf. «Wenn du dich umdrehst, bekommst du Ärger», war die deutliche Warnung, nach der mir klar war, dass ich im Arsch bin, wenn ich mich umdrehe und ihre Gesichter sehe.

Ich war nun sicher, dass das kein Spaß war und irgendwas passiert sein musste. Irgendwann kam jemand und hat mich übel beschimpft: «Was hast du für eine Kacke gegessen?» - so redet man im Iran -, «du hast deine Religion gewechselt!»

«Weißt du, was dich für eine Strafe erwartet?», fragte einer der Männer und zeigte mir Fotos von mir vor dem Mailänder Dom. «Oh scheiße», schoss es mir durch den Kopf, und ich erinnerte mich an die Bilder im und vor dem Mailänder Dom. Endlich wusste ich, was sie wollten, auch wenn es total bescheuert war, denn es war überhaupt nichts passiert. Vor einem Rennen gehen alle mal in die Innenstadt. Wir sind extra von unserem Quartier, das außerhalb lag, mit der U-Bahn zum Piazza del Duomo, dem zentralen Platz im Mailänder Zentrum, gefahren. Völlig normal. Da gibt es Geschäfte, Restaurants, Eisdielen und Sehenswürdigkeiten. Man will doch auch mal was sehen, wenn man in so einer großartigen Stadt ist. Wir waren mit vier Personen aus meinem Team unterwegs. Scheinbar hatte uns dieses Arschloch von Aufpasser irgendwie verfolgt. Mir war das gar nicht bewusst. Vielleicht habe ich ihn auch irgendwann gesehen und darüber gelacht. Der war mir völlig egal, weil ich weder Alkohol trinken noch mit fremden Frauen sprechen wollte. Der Typ hat mich null interessiert, weil ich nie im Leben darauf gekommen wäre, etwas Unrechtes getan zu haben. Er hat uns dann wohl rund um den Dom fotografiert. Die Fotos haben sie mir gezeigt, als ich gefragt habe, wie sie darauf kommen, dass ich meine Religion gewechselt hätte. «Hier, das ist der Grund», hieß es dann, als sie mir zeigten, wie ich vor dem Dom gestanden und ein Selfie gemacht habe. «Welcher Moslem geht zu einer Kirche? Warum machst du extra ein Foto? Sightseeing? Warum gehst du nicht woandershin? Warum gehst du nicht zur Moschee?» Da hatten sie eigentlich recht, nur dass kein Mensch die Mailänder Moschee fotografieren würde, aber jeder den Dom. Was wir gemacht haben, war harmlos und nichts anderes als bei zigtausend Touristen jeden Tag. Nachdem wir den Dom besichtigt hatten, saßen wir noch auf dem Platz vor der Kathedrale und hatten Tauben auf der Hand.

Am Ende sprachen die Fakten trotz allem gegen mich. Ich war in einer christlichen Kirche gewesen. Letztlich konnten sie daraus konstruieren, was sie wollten, und haben das auch gemacht.

Im Nachhinein ist mir bewusst geworden, dass sie von mir jedes Geständnis bekommen hätten, wenn sie das wirklich gewollt hätten. Wenn sie mir zweimal Elektroschocks verpasst hätten, hätte ich gleich zweimal gesagt: «Ja, ich bin zum Christentum konvertiert.» Ich hätte Folterungen nie durchgehalten. Zum Glück ist es nicht so weit gekommen. Mir war völlig bewusst, in welcher Gefahr ich schwebte. Auf den Wechsel der Religion, also wenn man vom Islam zum Christentum konvertiert, steht im Iran die Todesstrafe. Andersrum bist du allerdings ein Held. Wenn du vom Christen zum Moslem wirst, ist alles super. Ich weiß nicht, ob das alles wahr gewesen ist und sie wirklich geglaubt haben, ich sei nun plötzlich Christ. Vielleicht hatte die ganze Aktion auch mit meinen Interviews und meinem Streit am Flughafen zu tun. Das ist etwas, was mir mein Papa später mal gesagt hat. Ich hatte mit meiner Kritik wohl eine Menge Leute verärgert. Doch daran habe ich in diesem Moment gar nicht mehr gedacht, weil der Vorwurf, die Religion gewechselt zu haben, so massiv, wenn auch völlig absurd war.

Für die anderen aus meinem Team, die mit am Dom gewesen sind, hat sich niemand interessiert. Die hatten ja auch keinen Ärger mit dem Verband beziehungsweise lieber ihre Klappe gehalten, wenn sie unzufrieden waren.

Doch daran denkt man nicht in so einem Moment. Da fragst du dich nur in Panik: «Okay, wie komme ich aus dieser Scheiße bloß wieder raus?»

Auch wenn sie mich nicht gefoltert haben, war das psychischer Terror.

Du wirst tagelang festgehalten und denkst und denkst und denkst.

Du hörst pausenlos die Schreie von anderen Menschen oder glaubst zumindest, echte Schreie zu hören. In deinem Gehirn arbeitet es ohne Pause. Du überlegst, was du gemacht haben könntest und wie du beweisen kannst, dass die Vorwürfe falsch sind. Dann kommen sie wieder, und diesmal zeigen sie mir Bilder von meiner Mama, von meiner Schwester, von Verwandten, und drohen: «Du weißt, was wir machen können. Wir haben die Macht über deine Eltern, deine Schwester.» Dies, das, jenes. Das hört auch nicht einfach auf, sondern geht weiter und weiter.

Ich glaube, ich saß da für zwei oder drei Tage auf diesem Stuhl und durfte nicht aufstehen. Selbst nachts musste ich sitzen bleiben. Ich habe drei Tage keine Sekunde lang geschlafen. Ständig brannte Licht in meiner Zelle und sie haben ihre Vorwürfe wiederholt. Sie haben mich auch nicht wirklich etwas gefragt, sondern immer wieder dieses und jenes behauptet. Ich glaube, ich habe tagelang nichts gegessen, denn ich konnte nicht. Wenn ich gestresst bin, muss ich mich pausenlos übergeben. Ich hatte richtig Schiss und habe mir vor Angst in die Hose gemacht. Es war einfach nur erniedrigend.

Darum geht es. Sie wollen dich brechen.

Jetzt kann ich fast darüber lachen, aber in dem Moment, in dem die Tür aufging und einer von denen reinkam, begann ich jedes Mal zu zittern und sagte mir: «Okay, Saeid, jetzt bist du tot.» Zum Glück ist es nicht so weit gekommen, dass ich mich aufgegeben und alles gestanden habe, denn so plötzlich, wie es begonnen hatte, war es dann auch wieder zu Ende.

Irgendwann haben sie gesagt: «Jetzt kannst du für ein paar Tage raus, aber wir holen dich zurück. Du weißt, dass wir alles über dich wissen. Wir wissen, wo du bist und was du machst.» Mir wurde befohlen, ab sofort jeden Tag zu einer Polizeistation in meiner Heimatstadt zu gehen und mich zu einer bestimmten Uhrzeit zu melden. Ich habe später von einem Journalisten erfahren, dass der Druck der Presse wohl der Auslöser für diese vorläufige Entlassung war. Die Reporter, die mich schon am Flughafen interviewen wollten, haben beim Verband dauernd gefragt, wo ich bin und wann sie mit mir reden können. Das hat einige hohe Personen anscheinend etwas nervös gemacht.

Danach haben sie mir wieder die Hände gefesselt, den Sack über den Kopf gestülpt und mich in einen Van verfrachtet. Nach etwa 30 Minuten Fahrt wurden die Kabelbinder, mit denen ich gefesselt war, durchgeschnitten und ich wurde bei langsamer Fahrt mit dem Sack über dem Kopf irgendwo in Teheran aus dem fahrenden Auto gestoßen. Nachdem ich wieder halbwegs bei mir war und etwas sehen konnte, bin ich gerannt. Ich habe mich nicht ein einziges Mal umgedreht und wollte nur so weit wie möglich weg. Irgendwann habe ich dann, wie man es aus Filmen kennt, ein Auto angehalten und den Fahrer angebettelt: «Kann ich bitte dein Telefon haben? Mein Handy ist ausgegangen.» Ich war mir sicher, dass mein Papa irgendwo in der Nähe auf mich wartet. Er kam dann auch sehr schnell, denn er war in Teheran bei Verwandten geblieben. Er hatte nicht ohne mich heimfahren wollen. Ihm war klar, dass ich mit der Mannschaft im Flugzeug gewesen bin, denn er hatte nach der Ankunft meinen Zweierpartner gesprochen, der ihm bestätigte, dass ich in der Maschine gesessen hatte. Als ich dann stundenlang nicht zu finden war, hatte er sich schon gedacht, dass ich in Schwierigkeiten bin, auch wenn niemand mit ihm gesprochen hatte. Wir sind auf kürzestem Weg nach Bandar Anzali gefahren, und in den nächsten zwei Tagen bin ich nur zu Hause geblieben, mit Ausnahme der Besuche auf dem Polizeirevier, auf dem ich mich melden musste.

Ich musste da jeden Tag zwischen elf und 12 am Vormittag hin und unterschreiben. Das ging immer schnell, denn die haben keine Fragen gestellt und wollten nur sicher sein, dass ich nicht verschwinden würde. Während Papa mich begleitet hat, hatte ich meiner Mama und meiner Schwester nichts erzählt. Ich wollte nicht, dass sie sich Sorgen machen.

Nach zwei Tagen stand mein Vater plötzlich vor mir und sagte: «Saeid, du musst raus aus dem Iran.»

13. ABSCHIED

Ich muss gestehen, dass ich von der Deutlichkeit, mit der mein Vater mir erklärte, fliehen zu müssen, sehr überrascht war.

Natürlich habe ich mir Gedanken gemacht, wie es weitergehen könnte, aber so hatte ich mir meinen Sportruhestand nicht vorgestellt. Als ich 18 oder 19 war, hatten wir daheim schon mal darüber gesprochen, dass ich nach Europa gehen und dort studieren und meinen Sport weitermachen könnte. Obwohl ich sogar Verwandte in Deutschland hatte, war das allerdings nie eine reale Option für mich gewesen. Ich wollte bis dahin weder aus dem Iran weg noch nach Europa. Dementsprechend waren auch meine Gefühle. Auf der einen Seite wollte ich nicht weg, auf der anderen wusste ich, dass ich ab sofort in ständiger Gefahr sein würde, zumal man mir ja auch klar gesagt hatte, dass meine Entlassung nur ein paar Tage andauern sollte.

Einerseits war ich glücklich, andererseits aber auch total unglücklich.

Glücklich, weil mich dieser Psychoterror bei der Befragung wirklich fertiggemacht hatte und ich für den Moment zu Hause war, aber eben auch unglücklich, weil ich mir in meiner Heimat alles für die Zukunft aufgebaut hatte und das nun aufgeben sollte. Die Trennung von meiner Familie war dabei gar nicht das Schwerste für mich, denn ich war die letzten acht Jahre schon alleine in Teheran gewesen. Nun jedoch gar nicht zu wissen, was zu tun war, hat mich sehr belastet. Es war am Ende auch gar nicht mehr meine Entscheidung. Mein Vater hatte entschieden, dass ich den Iran verlassen musste, und ich wurde nicht gefragt.

Der Abschied war dennoch dramatisch. Ich hatte meinen Papa außer beim Tod seines Bruders bis dahin niemals weinen sehen. Doch bei unserer Verabschiedung war er so voller Schmerz, wie ich es niemals für möglich gehalten hätte. Die Tränen, die er vergossen hat, sind die eine Sache, aber dieses Leid in den Augen meiner Eltern, das hat mich kaputtgemacht.

Ich wollte immer, dass meine Eltern stolz auf mich sind - das Gefühl zu haben, für ihr Leiden mitverantwortlich zu sein, war grausam.

Endlich hatte ich Erfolg, für unsere Familie schien nach einer schweren Zeit nun alles auf dem richtigen Weg. Meine Schwester hatte sich vor einiger Zeit von ihrem Mann getrennt, und Trennungen sind im Iran unschön, vor allem wenn sie von der Frau ausgehen. Ihr Mann hat aus Wut immer wieder Gerüchte über uns in die Welt gesetzt und versucht, unsere Familie zu zerstören. Er hat lauter Blödsinn erzählt, der hinten und vorne nicht gestimmt hat. Wir waren damals eine recht bekannte Familie in Bandar Anzali, und es hat lange gedauert, bis das alles wieder aus den Köpfen verschwunden war.

Und nun, gerade als alles in Ordnung kam, musste ich flüchten.

Mir hat das so leidgetan, weil ich mich gefragt habe: «Wenn ich gehe, was passiert dann? Werden dann wieder Gerüchte verbreitet?»

Selbstverständlich kam es genau so. Ich habe irgendwann in den Nachrichten gelesen, dass mich der Ajatollah beim Freitagsgebet in seiner Rede als üblen Verräter beschimpft hat, der allen den Rücken gekehrt habe. Wenn so einer so etwas in aller Öffentlichkeit und dann auch noch in der Moschee sagt, ist das bei uns sehr, sehr groß. Mein Vater hat mir bis heute nichts davon erzählt, aber wenn ich von solchen Dingen erfahre, macht es mich traurig und wütend. Die Leute brauchen immer was zum Reden, und da hatten sie endlich ein richtig großes Thema. Meine Mama hat die Trennung bis heute nicht überwunden und weint noch immer darüber. Nicht wegen des Geschwätzes der Leute, sondern weil ich nicht mehr da bin. Immerhin weint sie jetzt oft vor Freude, wenn sie Fotos von meinem Sohn sieht, der 2023 zur Welt gekommen ist. Wenn ihr jedoch bewusst wird, wie schade es ist, dass sie nicht dabei sein kann, ist sie gleich wieder traurig. Das belastet mich sehr. Ich bin nicht aus Stein.

Im Moment meiner Flucht hat mich die Trennung noch gar nicht so stark mitgenommen, aber je länger ich weg war, desto schlimmer wurde es. Irgendwann fühlst du dich mal allein. Irgendwann brauchst du mal deine Mama. Irgendwann willst du mal jemanden, der dir zuhört und dir recht gibt, egal ob du recht hast oder nicht, und der dann mit der Hand über deinen Kopf streichelt und sagt: «Es ist alles gut.»

Natürlich habe ich mir auch riesige Sorgen um meine Eltern gemacht. Was würde passieren, wenn ich mich am nächsten Morgen um 11 nicht bei der Polizei melden würde, ging es mir durch den Kopf.

Bis heute hat mir mein Vater nicht verraten, ob sie jemals wegen meiner Flucht oder meinen Interviews Probleme hatten. So ist er. Er will nicht, dass ich zu viel nachdenke. Meine Schwester hat mir mal verraten, dass meine Eltern regelmäßig, vor allem wegen der Interviews, die ich seit meiner Flucht gegeben habe, Ärger hatten, doch Papa würde das nie zugeben. Wenn ich ihn frage, sagt er immer nur: «Es ist alles gut.» Einmal habe ich ihm gesagt, er soll den Leuten, die Fragen stellen, einfach sagen: «Er ist weg, er ist nicht mehr mein Sohn.» Das ist traurig, aber was soll ich machen?

AUF DER FLUCHT

1. DIE FLUCHT

Papa hat für mich alles genau geplant, mehrere Schleuser organisiert und sie bezahlt. Ich konnte ja nicht einfach ein Flugticket buchen und nach Frankfurt oder London fliegen, denn ich hatte keinen Pass.

Wir haben für den ersten Teil meiner Reise etwa 1200 Dollar bezahlt. Das hat nicht gereicht, denn wenn man es mit Schleppern zu tun hat, halten die ständig die Hand auf und wollen Geld. Geplant war, dass ich nach England gehe, doch fürs Erste ging es erst mal nur darum, heil aus dem Iran rauszukommen und nicht im Gefängnis zu landen.

Mein Papa hat mir gesagt: «Du gehst einfach so weit, dass keiner dich zurückbringen kann.» Und das schien uns aus England besonders schwer, da das britische Konsulat im Iran zu der Zeit nicht besetzt war.

Ich kam mir vor wie in einem schlechten Film – wir hatten in den letzten Wochen und Monaten alle die Bilder von der großen Flüchtlingswelle in Richtung Europa gesehen. Das waren schlimme Bilder, und mir taten diese Menschen, die ihre Heimat verlassen mussten, unendlich leid. Und jetzt sollte ich plötzlich einer von ihnen sein. Die Frage, was man auf so eine Reise ins Unbekannte eigentlich mitnimmt, stellte sich gar nicht. Der Schlepper hatte klar gesagt, jeder dürfe maximal einen Rucksack dabeihaben. Meine Mama hat mir eine Unterhose mit einer kleinen geheimen Tasche genäht, damit ich mein Geld verstecken kann. Mein Handy hatte ich in Frischhaltefolie eingewickelt, damit kein Wasser rankommt. Doch das Wichtigste war erst einmal, den richtigen Zeitpunkt zu erwischen. Ich musste mich ja weiterhin einmal am Tag um elf Uhr bei der Polizei melden. Deshalb war es am besten für mich, abends loszugehen, so hätte ich bis zur nächsten Meldung schon ein paar Stunden Vorsprung. Natürlich konnte ich nicht einfach zur Vordertür raus. Die Idee war, mich als Frau verkleidet aus dem Haus zu schleichen. Mein Vater hatte eine Perücke und ein Kopftuch besorgt, dazu musste ich einen Manto von meiner Schwester anziehen. Er ähnelt einem sehr langen Pulli oder Umhang mit langem Arm, der bis zu den Knien reicht und vorne geschlossen ist. Dazu trägt man eine lange Hose, denn Röcke sind im Iran verboten. Um das Frauenbild abzurunden, musste ich mich komplett rasieren, schminken und eine Brille tragen. Das war wirklich peinlich und ist es mir auch heute noch, wenn ich davon erzähle.

In dem einen Moment bin ich ein erfolgreicher Sportler und werde als Asienmeister mit riesigen Bannern gefeiert und im nächsten muss ich mich als Frau verkleidet aus dem Haus schleichen, um zu überleben. Hätte mich jemand so gesehen, wäre er nie darauf gekommen, dass ich ein Mann bin, und ein erfolgreicher Kanute schon dreimal nicht. Wenigstens hat es funktioniert, falls wir beobachtet wurden, denn ich bin ohne Probleme aus dem Haus gekommen. Jetzt lache ich darüber, aber damals war das einfach nur traurig und ich empfand die Situation als sehr erniedrigend. Ich konnte überhaupt nicht verstehen, was ich getan hatte, um so bestraft zu werden.

Mein Vater hatte für den Transport ein Auto mit einem Fahrer gemietet, das mich an die iranisch-türkische Grenze nach Salmas gebracht hat. In dem Auto durfte ich mich umziehen und wieder Saeid sein. Die Strecke, die wir gefahren sind, kannte ich bestens, denn genau dort war ich zu Beginn meines Militärdienstes stationiert gewesen. So schnell sieht man sich also wieder, dachte ich.

Auf dieser Fahrt hatte ich reichlich Zeit nachzudenken, für die 500 Kilometer haben wir etwa 9 Stunden gebraucht. Tatsächlich ist mir der Ernst meiner Lage erst bewusst geworden, als wir am nächsten Morgen bei Sonnenaufgang an der Grenze ankamen. Da habe ich dann das erste Mal wirklich Angst bekommen und gedacht: Oh scheiße, jetzt wird es ernst.

Es war wohl Ironie des Schicksals, dass ich genau dort meine Heimat verlassen sollte, wo ich ihre Grenze während meiner Militärzeit verteidigt hatte. Deshalb wusste ich auch genau, dass die Soldaten die Erlaubnis haben, zu schießen. Wir hatten immer Probleme mit Schmugglern. Es gibt viele Personen, die illegal Dinge wie Fernseher oder Benzin über die Grenze ins Land bringen. Im Iran gab und gibt es vieles wegen der Sanktionen nicht zu kaufen. Die Schmuggelware wird entweder auf den Schultern getragen oder von Eseln geschleppt. In meiner kurzen Zeit beim Militär wurde uns klipp und klar gesagt, dass wir Schmugglern ein lautes Stopp zurufen sollen und schießen müssen, wenn sie beim dritten Mal nicht stehen bleiben. Zuerst in den Unterkörper, also in die Beine, und wenn das nicht zum Erfolg führt, in den Oberkörper. Dieses Wissen fühlte sich nicht gut an, denn ich hatte eine ungefähre Ahnung davon, was alles passieren konnte.

Das Bild, das sich mir an der Grenze bot, war allerdings ein ganz anderes als in meiner Vorstellung. Ich hatte zwar damit gerechnet, dass wir nicht die einzigen Flüchtlinge sein würden, doch was ich dort sah, überstieg meine Vorstellung. Ich will nicht übertreiben, aber es waren Tausende. Die meisten von ihnen kamen aus Afghanistan. Viele nutzten den Iran zur Durchreise, andere hatten zuvor bei uns gearbeitet und wollten nun nach Europa, wo sie sich eine bessere Zukunft für sich und ihre Familien erhofften. Iraner waren wenige dabei, denn wir hätten eigentlich ganz einfach mit dem Flugzeug ohne Visum in die Türkei fliegen und von dort unsere Flucht beginnen können. Aufgrund meiner speziellen Situation musste ich diesen schwierigen und ungewissen Weg wählen, auf den ich gerne verzichtet hätte.

Nach der Autofahrt nach Salmas hatte ich vor Ort einen Schlepper getroffen, der mich in ein Lager brachte. Dort kamen alle Flüchtlinge zusammen und warteten darauf, wie und wann sie weiter in Richtung Türkei aufbrechen konnten. Mir wurde gesagt, dass ich mich für die kommende Nacht bereithalten müsse.

Salmas liegt auf etwa 1400 Meter Höhe in einer eher kargen Hochebene. Dahinter türmen sich gewaltige Berge auf, die fast 3000 Meter hoch sind. Diese Berge haben nichts mit den Alpen mit ihren markanten Gipfeln und grünen Tälern zu tun, sondern sind riesige braune Hügel, die immer höher in den Himmel steigen. Dort gibt es keine Wiesen und Bäume, sondern viel Geröll, Steine und Felsen und im Winter massig Schnee. Wenigstens der Schnee blieb mir jetzt im September noch erspart. Die Route, die bis zur Türkei vor uns lag, war schwer und gefährlich. Wir konnten nicht einfach mit dem Auto zur Grenze fahren, sondern mussten diese Berge zu Fuß durchqueren, um den Iran zu verlassen. Uns wurde klar gesagt, dass wir nur nachts gehen können, um nicht gleich entdeckt zu werden, und dass wir immer mit allem rechnen müssten. Der Plan war, in etwa zweieinhalb Tagen Fußmarsch die Türkei zu erreichen. Auf Zurückgefallene werde nicht gewartet. Die Gefahren lauerten überall, denn die iranische Grenzpolizei unterhält zahlreiche Stationen auf den Bergen.

Es war schon verrückt, dass ich nun Angst haben musste, von

denjenigen erschossen zu werden, mit denen ich mal gedient hatte. Der Weg in Richtung Türkei war selbst für einen trainierten Leistungssportler hart und beschwerlich und hatte nichts mit einem gemütlichen Spaziergang durch die Berge zu tun. Wie hart musste es dann erst für die Kinder, Frauen, Alten und Kranken sein, die sich das antaten, dachte ich mir. Tagsüber mussten wir uns unter Felsen oder in Höhlen verstecken und nachts bei völliger Dunkelheit gehen.

Ich ging mit einer riesigen Gruppe, in der ich niemanden kannte. Zu diesem Zeitpunkt war ich völlig allein und sollte erst im weiteren Verlauf meiner unfreiwilligen Reise Anschluss finden.

Der Marsch war von den Schleppern sehr gut organisiert. Die kannten die Routen genau und wussten, wo wir langgehen müssen, damit wir möglichst nicht von den iranischen Soldaten gesehen werden. Wir sind jeweils ungefähr drei, vier Stunden am Stück gelaufen und haben uns durch die Täler gearbeitet. Je höher wir gestiegen wären, desto eher hätte man uns sehen können.

Ich glaube, die Schlepper haben sich an die Schmugglerrouten gehalten, denn man konnte sehen, dass hier schon viele vor uns durchgekommen sind. Das Wichtigste war aber, dass man einigermaßen vorbereitet war. Ich hatte das Glück, dass mir meine Eltern Brot, Marmelade, Kekse und ein paar Riegel in den Rucksack gepackt hatten. Auf dem Marsch gab es keine Möglichkeit, etwas zu kaufen, selbst wenn man Geld hatte. Viele hatten gar nichts dabei. Einigen habe ich ein bisschen was von mir abgegeben. Es geht auf einer solchen Flucht vor allem ums Überleben. Das war etwas, das mir auf meinem Weg nach Deutschland immer wieder begegnen sollte.

Zum Glück blieben mir die ganz schlimmen Bilder auf diesem

ersten Teil der Reise erspart. Links und rechts unseres Weges sah ich zwar immer wieder tote Esel, aber zum Glück keine Menschen. Ich weiß nicht, was das mit mir gemacht hätte, wenn ich so was gesehen hätte.

Je weiter wir uns der Grenze näherten, desto nervöser wurde ich, denn während meiner Zeit in Salmas hatte man uns immer gesagt, dass die Türken ebenfalls schießen würden, wenn jemand rüberwill.

Ich wusste daher nicht wirklich, was uns erwartet, und hatte Angst, am Ende von beiden Seiten beschossen zu werden.

Wie geplant hatten wir die Grenze nach zweieinhalb Tagen Fußmarsch im Morgengrauen endlich erreicht. Auf der türkischen Seite war ein kleines Dorf. Da gab es eine Straße, die vom Iran in die Türkei führte, und mitten im Ort ein paar Häuser, die wohl so etwas wie eine Grenzstation waren. Wir konnten natürlich nicht einfach über die Straße in die Türkei rüberspazieren, sondern haben uns etwas außerhalb des Ortes über die grüne Grenze geschlichen. Das war nicht ganz ungefährlich, weil das Grenzgebiet zwischen der Türkei und dem Iran außerhalb der offiziellen Übergänge vermint ist. Viele dieser Minen sind in Dosen versteckt. Als ich in der Armee war, hat man uns immer deutlich gesagt: «Heb nie eine Dose auf und fass keine Tiere an, die da rumliegen.» Da hätte man jederzeit in die Luft fliegen und schwer verletzt oder getötet werden können.

Der Übertritt in die Türkei selbst war dann völlig unproblematisch. Das war alles bestens organisiert, und ich kann mir vorstellen, dass die Schleuser die Grenzpolizisten mit etwas Geld bestochen hatten. Während meiner Militärzeit wurde ab und an geschossen, doch auf der Flucht habe ich keinen einzigen Schuss gehört.

Das Gefühl, endlich aus dem Iran raus zu sein, war großartig, auch wenn ich mich an den Grenzübertritt in die Türkei gar nicht mehr richtig erinnern kann. Ich war völlig erschöpft, denn ich hatte in den letzten drei Tagen, seit ich mein Elternhaus mitten in der Nacht verlassen hatte, kaum geschlafen. Die Angst vor dem, was passieren konnte, hielt mich andauernd wach. Außerdem ist es auch nicht sehr gemütlich, tagsüber irgendwo in den Bergen auf Geröll zu liegen.

Nach der Ankunft im äußersten Osten der Türkei ging alles recht schnell. Obwohl es gegen 5 Uhr in der Nacht war, standen da schon Minibusse für uns bereit. Dort bekamen wir unsere Handys zurück und etwas zu trinken. Normalerweise hätten in diese Kleinbusse, die halb so groß sind wie ein Sprinter, vielleicht 6 Leute reingepasst, doch die Schlepper hatten die Sitzbänke ausgebaut, sodass wir zu zehnt oder zwölft auf dem Boden kauern konnten.

Die Fahrt nach Istanbul war furchtbar und hat unendlich lange gedauert, denn wir mussten die Türkei an ihrer breitesten Stelle fast komplett durchqueren. Auf dem schnellsten Weg sind das mehr als 1600 Kilometer. Irgendwann habe ich vor lauter Erschöpfung das Zeitgefühl verloren, aber ich schätze, dass wir etwa 20 Stunden auf dem Boden gekauert haben.

Als ich in Istanbul war, habe ich mit meinem Papa telefoniert und die Nummer eines Schleppers bekommen, der sich um alles Weitere kümmern würde. Immerhin gab es dann mal eine gute Nachricht, als wir endlich in Istanbul waren. Mein Vater erzählte mir am Telefon, dass mein Kumpel Hadi ebenfalls hier sei. Hadi kommt aus meiner Heimatstadt und war auch bei der Nationalmannschaft. Obwohl er schon als Junior aufgehört hatte, standen wir immer noch in engem Kontakt. Es war eine riesige Erleichterung, dass ich in der Ferne nun jemanden kennen sollte. Für Hadi war es allerdings bereits der zweite Fluchtversuch. Beim ersten Anlauf hatte ich ihn zusammen mit ein paar Kumpels noch selbst zum Flughafen gebracht, von wo aus er in die Türkei fliegen wollte. Wir haben uns am Flughafen verabschiedet, und ich bin ins WM-Trainingslager gefahren.

Ich war mir damals nicht sicher, ob wir uns jemals wiedersehen würden. Irgendwann habe ich dann erfahren, dass seine Flucht gescheitert war und er wieder im Iran ist. Allerdings wollte er es definitiv noch mal probieren. Wir haben uns dann nach meiner Ankunft in Istanbul sofort getroffen und gemeinsam den Schlepper angerufen, den mein Vater ausfindig gemacht hatte.

Das ist alles mafiamäßig organisiert. Dahinter steht eine riesige Organisation, die damit Millionen verdient. Es kann sein, dass viele Flüchtlinge Pech mit ihren Schleppern haben, doch wir hatten anfangs richtiges Glück. Der Typ war ein sehr netter Afghane.

Er hat gesagt, dass er zwei Personen zu uns schickt, doch stattdessen kamen gleich vier. Einer von denen war ebenfalls Iraner und hatte seinen noch recht kleinen Sohn dabei. Ich habe ihn gefragt, ob er auch mit dem Schlepper arbeitet. Er hat mir dann erklärt, dass er auch nach Europa wolle und gern wissen würde, wer wir sind. Schließlich würden wir mit ihm und seinem Sohn fürs Erste bei dem afghanischen Schlepper zu Hause schlafen.

In dessen Wohnung war es sehr nett. Zu Gast waren neben dem Iraner und seiner Familie noch drei oder vier andere Afghanen.

Da war mächtig was los mit so vielen Leuten in einer kleinen Wohnung. Am Ende haben wir dann alle zusammen gekocht und hatten trotz unserer Probleme tatsächlich so was wie eine gute

Zeit miteinander. Das tat mir nach den furchtbaren Tagen, die ich seit dem Abflug in Mailand hinter mir hatte, richtig gut.

Natürlich hätte ich mir diesen ganzen Stress sparen können, wenn ich meinen Pass gehabt hätte. Da war ein Multivisum drin, mit dem ich einfach nach Europa hätte fliegen können. Andererseits hätte ich dann wahrscheinlich kein Asyl beantragen können, weil ich mit dem Flugzeug wie ein Tourist eingereist wäre. Doch das spielte jetzt alles keine Rolle mehr. Für uns ging es jetzt vielmehr darum, unsere nächsten Schritte zu planen.

Ich bin mit Hadi losgezogen und habe eine Zange, einen Gasbrenner und Schlafsäcke für unsere weitere Flucht gekauft. Außerdem einen Teppich. Der war nicht zum Beten, sondern um den Stacheldraht an der ungarischen Grenze zu überwinden. Wir hatten von anderen Geflüchteten gehört, dass es an dieser Grenze einen sehr gefährlichen Zaun gibt, dessen Draht sich mit hoher Geschwindigkeit aufwickelt, wenn man ihn zerschneidet. Wenn einen dieser Zaun trifft, kann man sich schlimme Wunden zuziehen. Unser Plan war daher, einen Teppich über den Zaun zu werfen, bevor wir rüberklettern.

Wir haben das alles nicht freiwillig gemacht, sondern um zu überleben, und hatten nur diese eine Chance, der Route zu folgen und alle Hindernisse zu überwinden. Wir waren längst an dem Punkt, an dem es einem völlig egal ist, wie gefährlich es noch werden würde.

2. TÖDLICHE GEFAHR

Nach zwei oder drei Tagen in Istanbul sollte es für uns endlich weiter in Richtung Europa gehen. Ganz genau kann ich das nicht mehr sagen, denn ich habe auf dieser Flucht komplett das Zeitgefühl verloren. Es ist nicht wichtig, wie lange man wo ist, sondern nur, dass man zu der von den Schleusern angegebenen Zeit genau dort ist, wo man sein muss.

Wer zu spät kommt, bleibt zurück. Da wird auf niemanden gewartet.

Weil es für uns aber nicht einfach möglich war, mit dem Bus an die türkisch-griechische Grenze zu fahren und dort in die EU zu marschieren, mussten wir eine tödliche Gefahr überwinden, die viele Menschen das Leben gekostet hatte. Zwischen uns und dem, was wir für die Freiheit hielten, lag das Mittelmeer. Ausgerechnet Wasser, jenes Element, dem ich so viel zu verdanken hatte, war nun mein größter Gegner. Jeder von uns hatte im Fernsehen schon die schlimmen Bilder von zerstörten Schlauchbooten und im Mittelmeer ertrunkenen Flüchtenden gesehen.

Kurz bevor ich dort war, gingen die Bilder des kleinen Aylan Kurdi um die Welt, der am 2. September 2015 mit seiner Mutter und seinem Bruder bei dem Versuch, von der Türkei auf die griechische Insel Kos zu fahren, im Mittelmeer ertrank. Das Foto des kleinen toten syrischen Jungen, der mit seinem hochgerutschten roten T-Shirt auf dem Bauch am Strand zu schlafen scheint, hat mich sehr berührt.

Dieses Bild hat eine enorme Symbolkraft und steht für vieles, was in dieser Welt falsch läuft.

Warum werden Menschen aus irgendwelchen sinnlosen Gründen verfolgt und unterdrückt und müssen auf der Flucht davor sterben?

Das sind Fragen, die ich mir immer und immer wieder stelle und auf die ich bis heute keine Antwort gefunden habe.

Ich konnte meine Eltern vor der Abfahrt aus Istanbul noch einmal kurz anrufen und habe zu ihnen gesagt: «Ich gehe jetzt an die Grenze. Wenn ihr nichts von mir hört, bin ich ertrunken. Wenn ich überlebe, melde ich mich, sobald ich in Griechenland bin.»

Ich hatte mein Handy und mein Geld vor der Abfahrt aus Istanbul wieder gut in Folie eingepackt, damit es nicht nass wird, und am Körper versteckt. Damit hatte sich das mit dem Telefonieren sowieso erst einmal erledigt.

Für viele, die mit großer Hoffnung gestartet waren, hatte ihre Flucht in ein sichereres, friedlicheres und besseres Leben jäh irgendwo zwischen der türkischen Küste und den zu Griechenland gehörenden ägäischen Inseln geendet.

Ich glaubte also, ziemlich genau zu wissen, was auf mich zukommt.

Das erste große Hindernis bestand erst einmal darin, von Istanbul an die türkische Mittelmeerküste zu gelangen. Die Stadt liegt zwar mit dem Schwarzen Meer im Norden und dem Marmarameer im Süden gleich an zwei Meeren, doch die halfen uns auf dem Weg in die EU leider überhaupt nicht weiter. Weil der Landweg nach Griechenland für uns ausfiel, mussten wir erst mal rund 600 Kilometer in den äußersten Westen der Türkei an die Mittelmeerküste fahren. Von den Stränden dort sind es dann nur noch wenige Kilometer bis zur griechischen Insel Lesbos. Das war von Istanbul aus der schnellste Weg, um in die EU zu gelangen. Alternativ hätten wir unser Glück auch weiter im Süden über Chios, Samos oder Kos versuchen können. Da hätten wir allerdings mindestens zehn Stunden im Bus gesessen.

Um unsere Schleuser zu treffen, die uns ans Meer bringen würden, sollten wir in Istanbul an einen Park am Wasser kommen, zu dem wir ein paar Stunden zu Fuß unterwegs waren. Natürlich hatte ich nicht erwartet, dass wir dort allein sind, aber was ich dann sah, hat mich sehr negativ überrascht. Da waren etwa 2000 bis 3000 Menschen über den ganzen Park verteilt. Erstaunlicherweise war dann allerdings alles ziemlich gut organisiert.

Irgendwann kam einer zu unserer Gruppe und sagte: «Okay, kommt her. Wir gehen jetzt zu dem Bus, mit dem wir fahren werden.» Ich wollte meinen Augen nicht trauen, als ich sah, was da los war. Da standen Busse, so weit ich schauen konnte, und jeder war bis auf den letzten Platz gefüllt. Die Busse fuhren aber nicht im Konvoi, sondern immer einzeln, begleitet von je einem PKW davor und einem weiteren mit größerem Abstand dahinter. Unsere Fahrt führte uns von Istanbul erst einmal nach Norden rund um das Marmarameer, um die im Süden gelegenen Strände der Provinz Çanakkale zu erreichen. Nach etwa drei Stunden Fahrtzeit hielt unser Bus das erste Mal an. Vor allem die vielen Kinder im Bus brauchten dringend eine Toilettenpause. Das lief alles ziemlich hektisch ab. Es ging raus, auf die Toilette und gleich wieder rein in den Bus. Da wurde auch nicht lange geschaut und gezählt, ob alle wieder da sind. Als wir gerade wieder auf der Autobahn waren, hörte ich plötzlich eine Frauenstimme auf Afghanisch hinter mir schreien: «Wo ist mein Kind, wo ist mein Kind?» Als ich nach hinten schaute, stand eine Frau völlig aufgelöst mitten im Bus und erklärte, sie sei mit ihrem Kind ausgestiegen, aber nun sei es nicht mehr da. Einer der Passagiere ist dann zum Busfahrer und hat ihn gebeten, anzuhalten und wieder zurückzufahren, weil wir ein Kind auf dem Parkplatz vergessen hätten. Es wäre nicht weit gewesen, doch der Fahrer ließ überhaupt nicht mit sich reden. Wir haben alles Mögliche versucht, aber er ist einfach weitergefahren. Das hat mich unendlich traurig gemacht.

Die Frau schrie und heulte, und den Fahrer interessierte das alles nicht.

Was sind das für Menschen? Wer macht so was?

Wo ist die Menschlichkeit?

Es gab auf meinem Weg so viel Bewegendes. Es wundert mich, dass ich psychisch noch halbwegs gesund bin.

Das war allerdings erst der Anfang, denn es wurde noch schlimmer.

Nach einer Dreiviertelstunde bekam unser Fahrer einen Anruf mit der Aufforderung, an die Seite zu fahren. Keiner wusste, was passiert ist, bis wir vor uns einen großen Unfall sahen. Ein Pkw war unter einen abbiegenden Sattelschlepper gerast. Es hat einen Moment gedauert, bis wir erkannt haben, dass das unsere Schleuser waren, die vor uns fahren sollten. Zwei Personen in dem Auto waren sofort tot, ein Dritter schwer verletzt. Der konnte aber noch zu unserem Bus gehen und setzte sich stark blutend auf den Sitz neben mich. Damit war klar, dass wir wieder umdrehen mussten, denn ohne Aufpasser vor uns konnten wir nicht weiterfahren. Unser Busfahrer hat dann auf Anweisung der Schlepper, die hinter uns fuhren, umgedreht. Um die beiden Toten hat sich niemand gekümmert. Dem verletzten Afghanen aus dem Schlepperauto hatte man gesagt, dass wir ihn zu einer

Klinik fahren, damit er behandelt wird. Doch nach ein paar Kilometern haben sie ihn auf der Autobahn einfach rausgeschmissen.

Die wollten den Überlebenden nicht an der Unfallstelle lassen, damit er der Polizei nichts sagen konnte.

Da habe ich mir gesagt: «Ich fliehe wieder zurück in den Iran. Lieber sterbe ich dort als hier.» In diesem Moment war ich bereit, meine Flucht aufzugeben, und konnte mir nicht vorstellen, einen zweiten Versuch zu wagen.

Irgendwann mitten in der Nacht war ich dann wieder zurück in Istanbul. Wir hatten von unterwegs mehrfach versucht, Sadar, unseren afghanischen Schlepper, anzurufen. Irgendwo mussten wir schließlich die Nacht verbringen. Weil er aber nicht ans Telefon ging, standen wir gegen 3 Uhr früh einfach bei ihm vor der Haustür. Er hatte überhaupt keine Ahnung, was passiert ist, und hat uns sofort in seine Wohnung gebeten. Ich habe dann meinen Papa angerufen und gesagt: «Ich kann nicht mehr, Ich will zurück.» Er hat mich beruhigt, aber auch klar bestimmt: «Probier es noch einmal. Wenn so was noch mal passiert, kommst du zurück. Es ist noch einen Versuch wert. Mach das.»

3. ZWEITER VERSUCH

Sadar war echt in Ordnung. Er hat uns nicht nur bei sich übernachten lassen, sondern gleich für den nächsten Tag einen zweiten Versuch für uns organisiert. Im Großen und Ganzen lief das zunächst genauso ab wie am Vortag. Wir mussten wieder zu Fuß durch die halbe Stadt zu dem Park am Wasser laufen. Auch diesmal waren wieder viele andere da. Jetzt hatte ich aber ein besseres Gefühl. Der Typ, der sich um uns kümmern sollte, hat Schwimmwesten an alle verteilt. Das war schon viel mehr als am Abend zuvor, als niemand etwas für unsere Sicherheit getan hat. Unsere Gruppe bestand aus 17 Personen, die sich in einen Sprinter quetschen mussten. Die meisten waren Afghanen, die mit ihren Familien unterwegs waren. Ich weiß nicht, wie viele Stunden wir letztendlich unterwegs waren, aber es hat sich ewig angefühlt. Irgendwann sind wir ein Stück mit einer Fähre gefahren. Da mussten wir extrem aufpassen wegen der Polizei.

Es gab Fälle, in denen die Polizei Flüchtende gefunden, eingesperrt und später in den Iran zurückgeschickt hat.

Am nächsten Morgen bei Sonnenaufgang stoppte unser Busfahrer plötzlich mitten auf dem Land, riss die hintere Tür auf, schmiss uns wie Schafe raus und fuhr einfach weg. Wir waren an einem Bach, der durch ein kleines Tal floss. Ich bin in die Richtung gegangen, die man uns gezeigt hatte, und schrie plötzlich nur: «Oh mein Gott.»

Unter uns lag das Meer, und davor sah man überall Schwimmwesten, Zelte, Klamotten, Menschen. Das waren nicht nur ein paar Dutzend, sondern Tausende. In meiner naiven Vorstellung dachte ich, ich gehe da runter, melde mich beim Chef und könne gleich an Bord eines Bootes gehen. Mittlerweile war aus dem Zweiergespann aus Hadi und mir eine richtige kleine Reisegruppe geworden. Wir hatten uns mit der iranischen Familie, die wir bei Sadar getroffen hatten, sowie einem weiteren Iraner zusammengetan. Das hat gut funktioniert, und wir waren uns alle einig, dass es besser ist, sich gegenseitig helfen zu können. Statt allein war ich nun plötzlich zu sechst unterwegs.

Als wir hinunter zum Meer gingen, hatten wir einen ziemlich guten Blick auf unser Ziel. Im Dunst konnten wir in etwa acht Kilometern Entfernung die Hügel von Lesbos sehen. Jeder von uns glaubte, das Schlimmste hinter sich zu haben, wenn wir erst einmal dort wären. In Europa. Dort würden sie uns nicht gleich wieder zurückschicken. Vom Strand aus sah Lesbos ganz nah aus. Man konnte sich nicht vorstellen, was für Dramen sich auf diesen paar Kilometern Wasser bereits abgespielt hatten.

Als wir in dem provisorischen Camp am Strand ankamen, haben wir uns beim Chef gemeldet und unsere Namen genannt. Doch statt uns ein Boot zuzuweisen, mit dem wir gleich ablegen können, hieß es nur: «Geh erst mal dorthin, bau dein Zelt auf und bleib so lange da, bis ich irgendwas organisieren kann.» In diesem Moment stieg eine unfassbare Wut in mir auf, und ich dachte nur: Einen Scheiß organisierst du, Alter. Ich bringe mich hier einfach um. Entweder gehe ich hier aufs Wasser, oder ich bringe mich um.

Ich war fertig. Der erste Versuch mit der Mutter, die ihr Kind an der Raststation verloren hatte, und dem verletzten Schlepper, den sie einfach aus dem Bus geworfen hatten, hatte mir jegliche Energie geraubt. Ich war bereit, aufzugeben. Ich konnte und wollte keine weiteren Probleme mehr ertragen. Langsam habe ich mein Handy wieder aus der Frischhaltefolie gewickelt und wütend bei meinem Schlepper angerufen: «Was soll der Scheiß? Wir haben alles besprochen, organisiert, und jetzt kommen wir hierher, und der Typ sagt, so funktioniert das nicht.» Der Schlepper war überrascht und bat um ein wenig Zeit. Ich weiß nicht, wie viele Stunden später, aber irgendwann hat er uns angerufen und gesagt: «Geht noch mal nach oben. Jetzt habt ihr ein Boot.»

Wir sind dann von unten, vom Bachlauf, zu sechst nach oben gegangen und haben uns ein aufblasbares Schlauchboot mit einem festen Boden aus Aluteilen abgeholt. In so einem Boot gibt es keine Sitzbänke, die Passagiere kauern sich einfach auf den Boden. Wir mussten es runter ans Meer schleppen und dort zusammenbauen. Plötzlich wurde es ziemlich chaotisch, weil der Schlepper unten am Wasser ein totaler Psycho war. Während oben Polizeiautos vorbeifuhren, nahm er eine Pistole und schoss damit dreimal in die Luft. Er wollte niemanden treffen, aber den Leuten, die langsam unruhig wurden, Angst machen.

Was für ein Idiot, dachte ich mir und fragte mich einmal mehr, wie ich verdient hatte, hier gelandet zu sein.

Diese ganze Krise war eine einzige Katastrophe. Während die einen um ihr Leben bangten, machten sich andere die Taschen voll. Die Schlepper haben ein Vermögen verdient, aber auch türkische und griechische Landsleute haben ihren Gewinn gemacht. Wenn man sich überlegt, wie viele Motorboote in der Türkei verkauft wurden, um all die Leute zu transportieren, kann man sich ausrechnen, was alles in der Türkei geblieben ist. Und als wir in Griechenland waren, kamen dort wieder andere und haben sich die Boote genommen, um sie zu verkaufen. All diese Menschen haben gut an der Krise verdient und gleichzeitig auf die «Scheißflüchtlinge» geschimpft.

Wir hatten zu unserem Boot zwei Fußpumpen bekommen, mit denen wir ungefähr eine Dreiviertelstunde gebraucht haben, um die Boote halb aufzupumpen. Danach haben wir die Böden reingelegt, den Motor angebaut, einen Benzintank bekommen und sind ab ins Wasser. Als wir an der türkischen Küste angekommen sind, war es vier Uhr morgens, und als wir endlich bereit waren, aufs Wasser zu gehen, bereits fünf am Nachmittag. Unser Glück war, dass Hadi und ich als Wassersportler wussten, wie man so ein Boot steuert. Wahrscheinlich hätten wir sonst viel länger warten müssen. Wie ein paar der «armen Schweine», die dort ewig rumgesessen haben. Mir haben die 13 Stunden schon gereicht.

Wir haben im Boot nicht lange diskutiert, sondern uns gleich das Ruder geschnappt. Es gab zwar einige, die damit nicht einverstanden waren, doch nach ein paar Minuten hatten sie verstanden, dass wir wissen, was wir tun. Der Weg nach Europa war für uns somit relativ einfach. Wir konnten die Insel Lesbos vom Ufer aus bestens sehen. Deshalb hieß es nur lapidar: «Fahr einfach geradeaus. Da ist Griechenland, da ist Europa.» Als wir dann endlich ablegen konnten, saßen etwa 60 Leute in dem völlig überfüllten und halb aufgepumpten Boot. Obwohl verrückt war, was wir da taten, war ich mir absolut sicher, dass wir das hinkriegen würden. Das viel größere Problem als das Wasser um uns herum war unser Motor. Er war nagelneu und mit viel zu viel Öl gefüllt. Nach der Hälfte der Strecke ist er deshalb einfach ausgegangen. Der Grund dafür, dass viele dieser Boote kentern, sind die Leute an Bord. Solange alle sitzen bleiben, passiert nicht viel. Wenn aber jemand aufsteht, kann es sehr schnell gefährlich werden. Bei uns war es eine Mutter, die sich in Panik im Boot hinstellte und anfing rumzuschreien. Das führte wiederum dazu, dass plötzlich auch andere Passagiere aufstanden und schrien. Ohne Not waren wir jetzt in Gefahr umzukippen, sodass ich mit Hadi erst mal die Leute beruhigen musste, bevor wir uns um das Weiterfahren kümmern konnten. «Bleibt bitte unten. Wir sind Profis. Wir schaffen das» - irgendwann hatten wir mit unseren Worten Erfolg. Wir haben das Öl aus dem Motor gepumpt, den Benzinschlauch neu reingesteckt und konnten wieder losfahren.

Ich muss allerdings zugeben, dass ich die Strecke völlig unterschätzt hatte. Vom Ufer aus dachte ich, die Fahrt werde etwa zehn Minuten dauern. Wenn man auf dem Meer unterwegs ist und einen die Wellen packen, kommt man manchmal jedoch nur sehr langsam voran. Man kann mit so vielen Leuten im Boot auch nicht sehr schnell fahren. Wir hatten einen sehr guten Tag erwischt und es ist kein Wasser ins Boot geschwappt. Das war ein großes Glück, denn je mehr Wasser in so einem überfüllten Boot steht, desto tiefer sinkt es ein.

Das wird schnell zu einem furchtbaren Kreislauf, der zu Panik und dann in die Katastrophe führt. Alles in allem war es für uns eine sehr unproblematische Fahrt, wenn man bedenkt, wie viele Menschen genau an diesem Ort unterwegs gewesen sind und bereits ihr Leben verloren hatten. Wir mussten weder ins Wasser springen noch an Land schwimmen. Bei uns war alles gut.

Trotz der kleinen Probleme fühlte sich die Situation für mich in diesem Moment fast eher nach Urlaub und Abenteuer als nach Flucht und Drama an. Das lag ganz sicher auch daran, dass ich plötzlich in einer kleinen Gruppe unterwegs war, in der ich mich sehr wohlfühlte. Vielleicht war das der Grund dafür, dass mich auf den letzten Metern, bevor wir auf Lesbos ankamen, die totale Euphorie packte.

In meinem Kopf schrie etwas ganz laut: «Ja, jetzt bin ich frei!» Bevor ich es selbst richtig realisierte, war ich im Glücksrausch ins Wasser gesprungen und die letzten 100 Meter an Land geschwommen.

Es war Freitag, der 18. September 2015 gegen 18 Uhr, als ich in der Nähe von Mytilini auf Lesbos endlich in Europa angekommen war und mich zum ersten Mal wieder sicher und frei fühlte.

Aylan Kurdi war an diesem Tag seit 16 Tagen tot.

Er und viele andere hatten bei ihrem Kampf gegen die Strömung nicht so viel Glück wie ich.

4. LESBOS

Die ersten Minuten nach unserer Ankunft auf Lesbos waren absolut chaotisch. Einerseits waren alle euphorisch, weil sie nun sicher in Europa angekommen waren, andererseits wusste niemand, wie es weitergehen würde. Von nun an hatten wir keinen Schlepper mehr und waren auf uns allein gestellt. Beim Besteigen der Boote hatte man uns gesagt: «Auf der anderen Seite ist Europa, die Freiheit, dort könnt ihr gehen, wohin ihr wollt.»

Am Strand gab es aber keine Einreisebehörde, die einen im Empfang genommen und begrüßt hätte, sondern nur Tausende von Menschen, die mehr oder weniger nass aus irgendwelchen Booten kletterten und erst mal nicht wussten, wo sie sind und wo sie hin sollen. Ich weiß nicht, ob griechische Polizisten vor Ort waren und uns beobachtet haben. Falls dem so gewesen ist, haben sie sich sehr zurückgehalten. Dafür kamen direkt nach unserer Landung mehrere Einheimische an den Strand, schnitten Löcher in die Boote und nahmen sich die Motoren mit. Es gab wirklich viele, die durch diese Krise profitiert haben.

Nachdem unser erster Durst mit frischem Wasser gestillt war, setzten wir uns mit den anderen in einem endlosen Zug in Bewegung. Der Weg war frei. Man brauchte keinen Plan, sondern musste nur den anderen folgen. Unsere Idee war, die Insel so schnell wie möglich wieder in Richtung Festland zu verlassen. Unser nächstes Ziel war Athen. Doch um dorthin zu kommen, brauchten wir Schiffsfahrkarten. Die konnte man allerdings nur mit einer Freigabe kaufen. Und für diese Freigabe mussten wir uns in Moria registrieren lassen. Das war ein Flüchtlingslager in der Nähe von Mytilini, dem Hauptort auf Lesbos. Das Lager tauchte wegen seiner Überfüllung oft negativ in den Schlagzeilen auf. Ursprünglich war es mal für maximal 2800 Menschen konzipiert worden, doch auf dem Höhepunkt der Flüchtlingskrise 2015 waren dort zeitweise bis zu 20 000 Menschen zusammengepfercht worden. Die Zustände rund um Moria und auf Lesbos waren dementsprechend chaotisch, denn auf so einen Ansturm war die Insel niemals vorbereitet gewesen. Gemeinsam mit den anderen Bootsflüchtlingen marschierten wir in einer endlosen Schlange vom Meer aus etwa vier Stunden lang über die Insel zu dem Lager. Die Menschen auf Lesbos waren trotz des Chaos in ihrer Heimat sehr nett und versorgten uns auf dem Weg immer wieder mit Wasser und Obst. Das fühlte sich nach dem langen Tag - seit unserem Abmarsch in Istanbul waren bald 24 Stunden vergangen - sehr gut an.

Nach unserer Ankunft in Moria ging es erst mal nicht weiter. Wir mussten stundenlang mit Tausenden anderen in einer langen Schlange darauf warten, uns endlich anmelden zu dürfen. Als wir nach einer langen Zeit an der Reihe waren, hatten wir plötzlich massiven Ärger mit der Polizei. Die Polizisten verlangten, nur einzeln einzutreten, wir wollten aber unsere Sechsergruppe nicht trennen und uns nur gemeinsam registrieren lassen. Wir hatten uns geschworen, dass wir es zusammen schaffen und zusammenbleiben.

Wir fühlten uns mittlerweile wie eine Familie. Die griechischen Polizisten waren damit aber überhaupt nicht einverstanden und versuchten, die Situation mit Schlagstöcken statt Diskussionen zu lösen.

Ich hatte einigermaßen Glück und nicht viel abbekommen,

während Hadi richtig böse verdroschen wurde. Als wir endlich dran waren, haben wir den Registrierungsbeamten nicht die Wahrheit gesagt. Der Schlepper hatte uns eingeschärft, dass wir in Griechenland nicht sagen sollen, Iraner zu sein. Warum, weiß ich auch nicht, aber so haben wir es dann gemacht. Wir haben uns als Afghanen ausgegeben und bekamen ohne Probleme unsere Freigabe für den Kauf der Schiffstickets, die uns nach Athen bringen sollten.

Bei der Registrierung hatte man uns außerdem deutlich gemacht, dass wir Lesbos innerhalb von sieben Tagen wieder verlassen müssen, was für uns völlig in Ordnung war. Niemand beabsichtigte, auch nur einen Tag länger zu bleiben als notwendig. Das war jedoch leichter gesagt als getan, denn wir waren nicht die Einzigen, die diese Idee hatten.

Weil das Lager komplett überfüllt war, sind wir sechs an den Hafen von Mytilini gegangen, um Fahrkarten zu kaufen. Von dort würden die Schiffe nach Athen fahren, weshalb bereits Tausende andere Flüchtlinge warteten, die genauso wenig wussten, wo sie die Nacht verbringen sollten, wie wir. Der festen Überzeugung folgend, eine super Idee zu haben, legten wir uns nachts auf Pappkartons direkt ans Wasser. Leider war unsere erste Nacht in Europa sehr schnell beendet, weil wir nach zwei oder drei Stunden Schlaf durch lauten Motorenlärm wachgerüttelt wurden. Wir hatten uns dummerweise genau vor einen Club gelegt, der vor allem von Motorradfahrern besucht wurde. Als die Rocker mit ihren knatternden Motoren vor die Disco fuhren, war an Schlaf nicht mehr zu denken.

Die Zeit auf Lesbos war trotz aller Probleme recht entspannt. Ich hatte mir damals vorgenommen, irgendwann, wenn wir alle fest in Europa angekommen wären, mit allen fünf Personen aus meiner Reisegruppe nach Griechenland zurückzukehren. Dazu ist es bisher leider noch nicht gekommen. Aber mit vielen habe ich noch guten Kontakt.

Leider saßen wir auf Lesbos letzten Endes viel länger fest als ursprünglich geplant. Weil ja auch die anderen Flüchtlinge nach Athen wollten, gab es vor den Schaltern für die Schiffstickets eine endlose Schlange. Was mich am meisten überraschte, war die Tatsache, dass die meisten der dort wartenden Flüchtlinge aus Syrien kamen. Sie mussten über eine andere Route als wir gekommen sein, denn bis dahin hatten wir fast ausschließlich Afghanen und ein paar Iraner getroffen. Zu unserem Glück konnten wir uns wegen des Kindes in unserer Gruppe als Familie ausgeben und hatten es dadurch etwas einfacher. Zudem konnte der Vater der iranischen Familie, mit der wir uns zusammengetan hatten, recht ordentlich Arabisch. Die Familie kam aus einer Gegend des Iran, die an Kuwait und den Irak grenzt. Der Mann konnte unfassbar gut lügen und hat den anderen Syrern einfach erzählt, wir seien Landsleute von ihnen. Sie haben ihm anschließend geholfen, Fahrkarten zu kaufen, ohne dass wir lange warten mussten. Wir haben die Wartezeit zwar etwas verkürzt, mussten am Ende aber trotzdem drei Tage warten, bis wir endlich auf das Schiff nach Athen durften.

Das Gefühl, das wir hatten, als wir endlich auf dem Schiff saßen und aus dem Hafen von Mytilini in Richtung Athen gefahren sind, ist unbeschreiblich.

Die Überfahrt hat sehr lange gedauert. Wir waren etwa 13 Stunden auf diesem riesigen Schiff, bis wir Piräus, den Hafen von Athen, erreicht haben. Obwohl das Schiff ein paar Tausend Leuten Platz bot, war es komplett überfüllt. Auf dem Oberdeck gab es immerhin eine Bar. An die kann ich mich sehr gut erinnern, weil Hadi irgendwann die Idee hatte, dort einen Espresso zu trinken. Ich hatte schon davon gehört und bei großen Wettkämpfen auch gesehen, dass viele Sportler so etwas gerne trinken, es aber selbst noch nie probiert.

Ich glaube, ich hatte bis dahin in meinem Leben noch nie etwas Schlimmeres getrunken. Das Gebräu hat so furchtbar geschmeckt, dass ich mir auf der Stelle geschworen habe, dies war mein erster und mein letzter Espresso.

Ansonsten hatte man auf diesem Schiff sehr viel Zeit, aufs Meer zu schauen und darüber nachzudenken, wie es wohl weitergehen wird.

Die ganze Flucht war ab dem Zeitpunkt, als ich mein Elternhaus verlassen hatte, eine Reise ins Ungewisse, auf der in sehr kurzer Zeit schon unendlich viel passiert war. Ich brauchte Zeit, um das alles zu sortieren, war in diesem Moment aber einfach nur unendlich glücklich und sicher, auf dem richtigen Weg zu sein. Ich konnte es kaum erwarten, endlich im richtigen Griechenland anzukommen. Von dort würde es sicher leichter werden, sich weiter in Richtung Norden zu bewegen, als von einer überfüllten Insel wie Lesbos.

Aus Athen waren wir deshalb auch so schnell wieder weg, wie wir angekommen waren. Wir sind nicht mal in die Nähe der Akropolis gekommen. Als unser Schiff abends dort ankam, ging es eigentlich sofort weiter. Man hatte uns in der Türkei gesagt, dass wir ab dem Moment, in dem wir in Griechenland und in der EU ankommen, frei seien und immer weitergehen könnten. Das war in dem Sinne nicht ganz richtig, dass wir nicht wussten, wo wir hinmüssen. Die Schleuser, die mein Papa organisiert hatte, haben ihre Arbeit erledigt. Jetzt waren wir auf uns gestellt. Das bot anderen Schlepperbanden die Gelegenheit, ebenfalls an uns zu verdienen.

Die warteten deshalb in großer Anzahl schon am Hafen von Piräus auf das nächste Schiff. Kaum hatten wir den ersten Fuß an Land gesetzt, sprachen sie uns an und fragten: «Willst du nach Mazedonien?» – «Ja, okay» war unsere knappe Antwort, und schon saßen wir im erstbesten Bus raus aus Athen in Richtung Westen. Ich weiß nicht, ob wir dort noch was gegessen haben oder direkt in den Bus gestiegen sind, aber es ging alles sehr schnell. Der Weg an die nordmazedonische Grenze war wieder sehr weit. Irgendwann verliert man auf so einer Flucht das Zeitgefühl. Ich schätze, dass wir bestimmt zehn Stunden mit dem Bus gefahren sind. Unterwegs standen wir immer wieder im Stau, und es war bereits wieder hell, als wir uns am nächsten Morgen der Grenze näherten.

Irgendwann hieß es dann: «Alle sofort aussteigen», und wir mussten zu Fuß weiter in Richtung Grenze. Wir sind sehr lange durch einen Wald gelaufen, bis wir an ein Flüchtlingslager kamen, das auf einem Hügel an Bahnschienen lag. Es bestand aus unfassbar vielen Zelten mit dem Zeichen der UN drauf. Hier mussten wir uns erneut registrieren und ein Papier mit der Information ausfüllen, dass wir Griechenland verlassen wollten. Danach bekamen wir Erdnüsse, ein bisschen Essen und Feuchttücher. Irgendwann ging schließlich ein Tor auf, und wir durften gehen, nachdem man unsere Namen aufgerufen hatte.

Im nächsten Moment standen wir in Mazedonien. Dreihundert Meter hinter der Grenze warteten bereits jede Menge Taxis auf uns. Letztlich gab es keine andere Möglichkeit für uns, dort wegzukommen. Wir haben uns dann zu sechst ein Taxi genommen und an die serbische Grenze fahren lassen. Das war zum Glück diesmal gar nicht so weit. Nach etwa drei Stunden hat uns der Taxifahrer rausgelassen und gesagt, dass wir das letzte Stück bis zum Grenzübertritt zu Fuß gehen müssen.

5. BALKANROUTE

Flucht ist brutal. Das hatte ich bereits auf meinem Weg durch die Türkei nach Griechenland lernen müssen.

Nach den recht angenehmen Tagen auf Lesbos und der Überfahrt nach Athen wurde ich auf dem Weg nach Serbien wieder daran erinnert, dass das alles keine Urlaubsreise ist. Nachdem uns das Taxi in Grenznähe rausgelassen hatte, begann für uns erneut ein langer und harter Fußmarsch, in dessen Verlauf wir sogar einen Fluss durchqueren mussten. Er führte zum Glück nicht viel Wasser und ließ sich an vielen Stellen relativ gefahrlos durchschreiten. Viel schlimmer war der endlose Fußweg. Wieder einmal dachte ich für mich, wie schlimm es erst für Alte und Kinder sein muss, wenn ich schon so angestrengt war. Man durfte nicht nach links und nach rechts schauen, sondern musste einfach immer stur geradeaus hinter all den anderen hergehen, die das gleiche Ziel hatten.

Für einige, vor allem Ältere, waren die Strapazen am Ende zu viel, und sie sind links oder rechts am Weg zusammengebrochen und dort gestorben. Diese Menschen lagen dann einfach tot am Straßenrand, und jeder ging vorbei, ohne zu viel darüber nachzudenken, dass man immer der Nächste sein könnte, dem so was passiert. Niemand hat sich um jemand anders gekümmert, wenn er selbst nicht mehr konnte. Das hat mich sehr traurig gemacht, dieses Gefühl, dass ein Leben nichts wert ist. Menschen beginnen Krieg und scheißen auf alle anderen, weil sie die Macht dazu haben, doch niemand interessiert sich für diejenigen, die davor weglaufen müssen.

Wenn ich so was gesehen habe, hat mich das enorm belastet, und ich musste mir sagen: «Du musst stark bleiben. Wenn du irgendwo abkackst, bist du selbst im Arsch.»

Irgendwann waren wir dann an einem Ort, an dem wieder Taxis standen. Da wussten wir, dass wir endlich in Serbien waren. Wir sind in eine Stadt gefahren, in der wir uns wieder registrieren lassen mussten. Dort haben wir uns zuerst einmal neue SIM-Karten gekauft, um weiter mit zu Hause in Kontakt zu bleiben. Egal wo wir hinkamen, es warteten schon Dealer, die Telefonkarten verkaufen wollten. Wo wir auch landeten, überall wollte jemand an uns verdienen.

Mein Papa hat uns dann immer berichtet, wie wir am besten weitergehen sollen: «Jetzt ist Ungarn zu, jetzt ist diese Grenze zu, jetzt ist jene Grenze zu», hat er uns ständig auf dem Laufenden gehalten. Wir haben uns immer neue Möglichkeiten suchen müssen, um weiterzukommen.

Leider mussten wir in Serbien eine Nacht bleiben. Ich war froh, dass Helfende Zelte aufgebaut hatten, denn die Nächte waren mittlerweile richtig kalt. Trotzdem habe ich Serbien in sehr schlechter Erinnerung, weil wir erneut von der Polizei verprügelt wurden. Vielleicht wollten wir zu schnell rübergehen oder haben zu viel Druck gemacht. Die ganze Situation 2015 war für alle Beteiligten sehr schwierig. Während die Politiker nur redeten, mussten andere plötzlich mit zigtausend fremden Menschen umgehen, die in ihr Land kamen. Reaktionen haben da sicherlich oft Gegenreaktionen mit sich gebracht.

Ich erinnere mich sehr gut, dass die Polizisten richtig hart zugeschlagen haben und diese Schläge sehr schmerzhaft waren.

Da kamen bei mir wieder die Gedanken hoch, wie wenig ein Menschenleben wert ist. Die konnten mit uns einfach machen, was sie wollen. Unser Geld haben sie überall genommen, aber respektiert haben sie uns nicht.

Am nächsten Tag mussten wir uns dann digital registrieren lassen, wofür wir unsere Fingerabdrücke abgeben sollten. Wir hatten von anderen Flüchtlingen aber gehört, dass einen Länder wie zum Beispiel Großbritannien dorthin zurückschicken können, wo man seine Fingerabdrücke das erste Mal abgegeben hatte. Niemand wusste, ob das stimmt, aber allein das Gerücht reichte aus, um Angst zu bekommen. Wir haben uns deshalb Rasierklingen gekauft und versucht, unsere Fingerabdrücke abzukratzen. Das hat am Ende nicht funktioniert, zeigt aber, was Menschen in großer Verzweiflung bereit sind zu tun.

6. KROATIEN

Als wir von der Registrierung kamen, stand schon ein Reisebus bereit, der uns für 200 Dollar pro Person bis zur kroatischen Grenze bringen sollte. Bevor der Bus losgefahren ist, hat Hadi für uns frittiertes Hähnchen in einem Schnellrestaurant gekauft, das wir zusammen im Bus gegessen haben. Das vergesse ich nicht, denn in diesem Moment hat sich unsere Flucht wieder wie eine Reise angefühlt. Leider hielt dieses Gefühl meist nie lange an. Unterwegs wurden wir von der Polizei gestoppt, die von jedem von uns 100 Dollar abkassieren wollte, damit wir weiterfahren dürfen. In der einen Sekunde haben sie uns verprügelt, in der nächsten ausgenommen. So war es einfach. Als Flüchtling warst du eine Ware, die einen Preis hatte und beliebig oft verkauft werden konnte.

Nach einigen Stunden im Bus kamen wir gegen Abend an der kroatischen Grenze an. Dort gab es riesige Pflanzen, die ich bei uns im Iran noch nie gesehen hatte - lange Holzstangen, von denen lange grüne Blätter bis zum Boden hinunterhingen. Irgendjemand hat mir erzählt, dass das Hopfen ist, aus dem Bier gemacht wird.

An der Grenze gab es einen langen Weg, den wir auf gar keinen Fall verlassen durften. Man hatte uns davor gewarnt, nach links oder rechts zu gehen, weil dort überall noch Minen aus dem Balkankrieg vergraben liegen. Bei einem falschen Schritt hätte meine Flucht augenblicklich vorbei sein können. Ein endloser Zug Menschen marschierte durch diese riesigen Felder in Richtung Kroatien. Irgendwo auf diesem Weg haben Hadi und ich die Familie und den Iraner, mit denen wir seit Istanbul unterwegs waren, verloren.

Das war sehr schade, denn es hat gutgetan, sich in einer kleinen Gruppe zusammengeschlossen zu haben. Es hatte ein Gefühl von Sicherheit gegeben.

Irgendwann kamen wir an einen Platz, an dem wir bereits von der kroatischen Polizei erwartet wurden. Sie warfen uns wie Vieh in irgendwelche Transporter. Das fühlte sich richtig mies an. Mein Papa hatte mich immer gewarnt: «Setze dich nie in einen geschlossenen Transporter.» Wir alle hatten im August in den Nachrichten gesehen, wie man auf einer österreichischen Autobahn einen Kleintransporter mit 71 toten Flüchtlingen aus dem Irak, Syrien, Afghanistan und dem Iran gefunden hatte. Die Schleuser haben die Leute einfach in den Lkw gepfercht und die Tür zu dem luftdichten Laderaum verschlossen. Die Menschen sind in diesem Fahrzeug jämmerlich erstickt und verreckt. Doch man hatte uns gar keine Wahl gelassen.

Noch bevor ich mich wehren konnte, saß ich mit 25 anderen in so einem Lkw, während hinter uns die Tür zugeschlagen wurde. Darin gab es weder eine Lüftung noch Luftschlitze, durch die wir hätten atmen können. Wenigstens war das Innere des Fahrzeugs hell erleuchtet, sodass wir nicht auch noch im Dunkeln saßen. Trotzdem war die Angst jedes Einzelnen spürbar. Die Angst davor, das Gleiche zu erleben wie die Menschen, die vier Wochen zuvor ihr Leben verloren hatten.

Ich hatte letztendlich keine Ahnung, bei wem ich im Auto saß. Ist das die Armee, die Polizei, oder sind das irgendwelche Schleuser, denen sowieso alles egal ist?, fragte ich mich. Doch das Schlimmste war, dass ich in all dieser Hektik nun auch noch meinen Kumpel verloren hatte. In einem Moment war ich noch mit fünf anderen unterwegs gewesen, und im nächsten saß ich alleine in einem Lkw, ohne zu wissen, was auf mich zukommt. Hadi und ich wurden in dem Chaos vor dem Abtransport voneinander getrennt, und ich war nun erstmals seit Istanbul auf mich gestellt.

Die Fahrt dauerte zum Glück nicht allzu lange. Irgendwann hat der Laster plötzlich gebremst, und wir mussten alle aussteigen. Die hatten uns zu einem Flüchtlingslager gefahren, ohne uns etwas zu sagen. Ich muss allerdings zugeben, dass es mir trotz des schwierigen Starts recht gut in Kroatien gefallen hat, was sicherlich auch an dem guten Wetter lag. Als wir in dem Lager ankamen, war es bereits dunkel und wir konnten die Sterne sehen. Wir haben dort von verschiedenen Hilfsorganisationen Essen, Wasser und Obst bekommen. Das tat nach diesem langen Tag sehr gut. Doch das Schönste war, dass Hadi plötzlich wieder vor mir stand. Er war in einem anderen Auto kurz nach mir angekommen. Im Lager haben wir dann sogar noch die iranische Familie und den einzelnen Iraner wiedergetroffen und uns alle gemeinsam in einem Zelt registrieren lassen. Jetzt waren wir wieder zu sechst. Wir sind raus auf ein Feld und hatten gerade unsere Schlafsäcke ausgepackt, um uns unter dem Sternenhimmel zum Schlafen hinzulegen, als jemand laut schrie: «Jetzt geht es los, es kommt ein Zug, der fährt uns direkt nach Deutschland!»

Also haben wir alles sofort wieder eingepackt und sind zu dem Zug gelaufen. Ich konnte mir allerdings nicht vorstellen, dass er direkt bis Deutschland durchfahren würde, und war sicher, irgendwo umsteigen zu müssen. Nach ein paar Stunden erreichten wir die kroatisch-ungarische Grenze und mussten alle aussteigen. Anschließend brachen wir erneut auf einen Fußmarsch durch einen Wald auf und wussten wieder einmal nicht, was uns erwarten würde. Leider hat es dort wie aus Eimern geschüttet und wir waren von Kopf bis Fuß nass. Mit klitschnassen Füßen durch das Wasser zu waten, war sehr anstrengend.

Irgendwann saßen wir dann in einem anderen Zug, der uns schließlich bis in die Nähe der österreichischen Grenze gebracht hat.

Ich kann mich sehr gut daran erinnern, dass wir mitten in einer ungarischen Stadt anhielten, in der wir schon von der Polizei erwartet wurden. Sie begleitete unseren riesigen marschierenden Menschen-Konvoi bis zu einem gewissen Punkt, an dem wir von jetzt auf gleich wieder weiterziehen durften, wie es uns gefiel. Hadi und ich sind bei dem Stichwort sofort losgerannt wie die Verrückten. Als wir uns irgendwann umdrehten, war außer ein paar anderen jüngeren Flüchtlingen weit und breit niemand hinter uns. Vor allem Familien mit Kindern und Ältere konnten mit uns trainierten Sportlern nicht mithalten.

Wir wollten so schnell wie möglich raus aus Ungarn. Nach ein paar Kilometern hatten wir einen kleinen Ort erreicht, in dem viele Menschen auf der Straße T-Shirts, Hosen und Obst an uns verteilten. Ohne es richtig zu bemerken, waren wir in Österreich angekommen.

Es gab keinen Schlagbaum oder Grenzzaun, sondern einfach nur eine lange Straße, über die man von einem Land ins andere hinübergegangen ist. Durch die Rennerei hatten wir allerdings die iranische Familie wieder verloren, sodass wir erneut zu zweit unterwegs waren. Wir beide haben uns für 100 € ein Taxi genommen und uns direkt nach Wien zum Bahnhof fahren lassen. Dort sahen wir die nächste Katastrophe. Tausende Flüchtlinge lagen in ihren Schlafsäcken und warteten darauf, irgendwann weiterzukommen.

An manchen Tagen kamen dort mehr als 6000 Flüchtlinge an, die alle weiter nach Deutschland wollten. Manchmal sehe ich die Bilder dieser Menschenmassen wieder vor meinen Augen. Die waren alle genauso verzweifelt wie ich und wollten so schnell wie möglich weg.

Hadi und ich hatten allerdings keine Ahnung, wie wir ein Ticket kaufen können, und waren froh, als wir zwei Afghanen fanden, die uns dabei halfen.

Wir wollten unbedingt nach Kufstein an die deutsche Grenze, weil ein Cousin meines Papas in Rosenheim lebte. Uns war klar, dass wir bei der Ankunft in Deutschland sofort Fingerabdrücke abgeben müssen würden, was wir tunlichst verhindern wollten. Deshalb hatte mein Verwandter gesagt: «Ich komme mit dem Taxi nach Kufstein, hole euch ab und bringe euch nach Deutschland.» Von dort sollte es weiter in Richtung England gehen.

Letztendlich war es nie mein Ziel gewesen, in Deutschland zu bleiben.

Die Afghanen haben uns erklärt, mit welchem Zug wir fahren müssen, doch wir haben längst nichts mehr gecheckt. Wir waren seit Istanbul nun sechs Tage unterwegs und hatten nahezu überhaupt nicht geschlafen. Wir waren todmüde und mit unserer Kraft völlig am Ende. Das Verrückteste aber war, dass wir die anderen vier Iraner, die wir bereits zweimal verloren hatten, ausgerechnet in diesem ganzen Chaos von Wien wiedertrafen. Aus reinem Zufall. Die Familie zog es nach Schweden und den einzelnen Iraner nach Frankreich. Sie wollten deshalb mit uns bis Deutschland fahren und dort nach Schleppern suchen, die ihnen weiterhelfen.

Nach ein paar Stunden Zugfahrt in Richtung Deutschland stand plötzlich ein Schaffner vor uns und wollte unsere Fahrkarten sehen.

Weil ich nichts verstand, wurde ich sofort panisch und zeigte ihm die Dokumente, die ich an den Grenzen bekommen hatte. Ich dachte, er macht eine Passkontrolle. Er hat sofort gemerkt, dass wir Flüchtlinge sind und in Österreich nicht registriert waren. Weil der Typ auch Iraner oder Afghane war, versuchte ich ihn auf unserer Landessprache Farsi anzubetteln: «Lass uns bitte einfach durch.»

Das war ihm aber völlig egal. Er hat trotzdem die Polizei gerufen, die uns an irgendeinem Bahnhof aus dem Zug geholt hat. Wir mussten in eine mit Geflüchteten völlig überfüllte Tiefgarage, bekamen ein Armband und durften dort auf einer Liege übernachten. Am nächsten Tag sollten wir alle wieder in einen Zug steigen, ohne zu wissen, wohin er uns bringen würde. Das war abermals ein sehr komisches Gefühl. Dieser Zug fuhr und fuhr, und wir hatten überhaupt keine Ahnung, wohin.

IN DEUTSCHLAND

1. DIE ANKUNFT

Nach längerer Zeit erreichten wir endlich die deutsche Grenze und mussten alle wieder raus, um uns erneut registrieren zu lassen. Das war dort allerdings gänzlich anders organisiert als bei den bisherigen Einreisekontrollen. Mehrere Bundeswehrsoldaten saßen mit kleinen Laptops hinter ihren Tischen, machten Fotos und nahmen von jedem von uns Fingerabdrücke. Wir hatten solche Angst, dass es uns auch hier die beste Lösung schien, andere Namen anzugeben und wieder zu behaupten, aus Afghanistan zu stammen. Danach ging es wieder in den Zug und wir fuhren stundenlang nach Norden. Immerhin hatten einige von uns die Sygic-App auf dem Handy. Das war eine wichtige Navigations-App, mit der wir uns auf der Flucht immer orientiert haben. Mit ihrer Hilfe konnte man ganz gut sehen, wann der nächste Bahnhof kam und wo der Zug sein Tempo sehr stark verlangsamte.

Das brachte uns auf die komische Idee, bei einer Durchfahrt durch einen Bahnhof einfach aus dem Fenster zu springen und zu verschwinden. Das blieb am Ende zum Glück nur eine blöde Idee, die wir nicht in die Tat umgesetzt haben. Sonst wäre mein Buch vielleicht an der Stelle schon zu Ende gewesen.

Nach einer endlosen Fahrt quer durch ganz Deutschland hielt der Zug schließlich am Bahnhof Köln/Bonn Flughafen an. Dort hatte die Stadt Köln eine sogenannte Drehscheibe eingerichtet, über die Flüchtlinge aus dem Süden auf die Erstaufnahme-Einrichtungen in Nordrhein-Westfalen verteilt werden sollten. Zu dem Zweck wurde auf einer großen Wiese außerhalb des Flughafens eine Zeltstadt aufgebaut. Die Idee war, die erschöpften Flüchtlinge von hier aus mit Bussen auf die Quartiere zu verteilen. Das passte allerdings nicht zu unseren Plänen, denn wir waren uns einig, uns dort auf gar keinen Fall anmelden zu wollen. Wir wollten definitiv nicht in Deutschland bleiben und auch nicht registriert werden. Wir hatten Angst, immer wieder nach Deutschland zurückgeschickt zu werden, wenn man uns irgendwo bei der illegalen Einreise nach Holland, Belgien, Frankreich oder vor allem England erwischt hätte. Nachdem wir unsere Handys aufgeladen und etwas zu essen besorgt hatten, schlichen wir uns hinter einen der Pavillons auf eine Wiese. Während einer aufpasste, hat sich der andere mit bloßen Händen unter dem Zaun durchgegraben, der rund um das Gelände aufgestellt war. Schon bevor wir mit dem Graben begonnen haben, hatte ich einen Freund von mir angerufen, der in Leverkusen wohnte. Das war keine zehn Kilometer entfernt und sollte unsere nächste Anlaufstation sein.

Faramarz kam wie ich aus Bandar Anzali und wohnte früher sogar bei mir in der Nachbarschaft. Die Idee war, dass er uns abholt und zu einem Schlepper nach Köln bringt, der uns hilft, Deutschland so schnell wie möglich wieder zu verlassen. Leider war es nicht so einfach, sich mit Faramarz zu verabreden, denn wir hatten noch keine deutschen SIM-Karten und konnten nur über WLAN miteinander sprechen. Er wusste daher zuerst nicht, wo er uns überhaupt suchen sollte, und fuhr zu dem Camp am Flughafen.

Als er dort nach uns fragte, wurde ihm gesagt, es sei schön, wenn jemand komme und die Leute mitnähme. Es wäre also gar nicht nötig gewesen, zu verschwinden. Doch das hatten wir nicht gewusst und waren aus Angst abgehauen.

Ein Autofahrer hat uns schließlich sein Telefon gegeben, mit dem ich meinen Freund endlich erreichen konnte. Er hat uns mit zu sich nach Hause genommen, wo wir zum ersten Mal seit Tagen in Ruhe essen, duschen und uns ausruhen konnten, ohne in einer überfüllten Tiefgarage auf einer Pritsche liegen zu müssen. Außerdem tat es einfach gut, nach der langen Flucht ein vertrautes Gesicht aus der Heimat zu treffen.

In der Zwischenzeit hatten wir einen Schlepper erreicht, der Fotos von uns brauchte, um uns einen neuen Pass zu besorgen.

Wir sollten zu einer bestimmten Adresse nach Dortmund kommen und dort warten, bis er sich bei uns meldet. Natürlich mussten wir alles im Voraus bezahlen und waren uns des Risikos durchaus bewusst. In dem Haus in Dortmund gab es eine Wohnung, in der auch ein paar andere Flüchtlinge untergebracht waren. Nach zwei oder drei Tagen, in denen wir ihn nur schwer erreichen konnten, hat er uns gesagt, dass wir zu einer bestimmten Zeit an einem bestimmten Platz in Dortmund sein sollen. Dort würden wir unsere neuen Pässe bekommen. Wir haben ewig gewartet, aber es kam niemand. Der hatte uns verarscht, unser Geld genommen und ist verschwunden.

Das war eine wirklich schwierige Situation, denn in die Wohnung konnten wir nicht zurück, weil wir keinen Schlüssel hatten. Andererseits hatten wir auch schon viel Schlimmeres überstanden.

Da standen wir zwei Iraner nun also nach einer Flucht über 3500 Kilometer mitten in Dortmund und wussten erst mal nicht weiter.

Hadi hat sich entschieden, ohne Pass zu versuchen, nach England zu kommen. Ich hingegen war mir von Anfang an klar, dass ich auf gar keinen Fall nach Calais fahren würde, um mich illegal an Bord eines Lkw zu schleichen, der mich nach England schmuggeln soll. Ich habe immer gesagt: «Dann bleibe ich hier, dann melde ich mich in Dortmund bei den Behörden an.» Als ich meinen Freund in Leverkusen anrief und fragte, was ich nun machen soll, hat er mir geraten, mich in Dortmund im zentralen Flüchtlingslager zu melden.

Dort würde man mir sicher helfen.

Während Hadi weiter in Richtung Frankreich ging, bin ich in die Erstaufnahmeeinrichtung nach Dortmund-Hacheney und habe mich offiziell als Flüchtling in Deutschland angemeldet. Das war am 10. Oktober 2015, genau 24 Tage, nachdem ich mitten in der Nacht mein Elternhaus verlassen hatte. Die ganze Situation fühlte sich merkwürdig an, denn erstmals seit Istanbul war ich nun wieder ganz alleine und noch dazu in einem kalten fremden Land, von dessen Sprache ich nicht eine einzige Silbe verstand.

Immerhin hatte mir Faramarz von Bamdad Esmaili, einem iranischen Journalisten, erzählt, der bereits seit vielen Jahren in Deutschland lebte. Bamdad kommt aus Teheran und war im Alter von 13 Jahren aus dem Iran geflüchtet. Mittlerweile arbeitete er unter anderem für die Auslandsabteilung des WDR als Moderator und Filmemacher für WDRforyou, ein Portal für Flüchtlinge. Weil ich nichts zu verlieren hatte, schrieb ich Bamdad noch aus Hacheney, wo ich ein paar Stunden verbringen musste, über den Facebook Messenger. «Hi, ich bin Saeid Fazloula, Mitglied der Kanu-Nationalmannschaft im Iran. Ich habe Medaillen bei den Asian Games und Asienmeisterschaften gewonnen. Jetzt bin ich in Deutschland und will hier Asyl beantragen. Ich habe Sachen zu erzählen, die sehr interessant sind. Wenn Sie wollen, können wir miteinander sprechen.»

Ich weiß nicht, was ich mir in dem Moment erhofft habe, aber es war eine Nachricht, die für mich vieles in Bewegung setzen sollte und die entscheidend dazu beigetragen hat, dass ich heute dort bin, wo ich bin.

2. NEUSTART

Es dauerte zum Glück nicht lange, bis ein paar Busse vorfuhren und uns in eine kleine Stadt in der Nähe brachten. Mir war letztendlich egal, wo ich lande, solange ich in Nordrhein-Westfalen bleiben konnte, denn dort lebten bereits eine ganze Menge Freunde und Bekannte von mir, die mir in meiner ersten Zeit in Deutschland helfen würden. Mein Kumpel aus Leverkusen hatte mir zudem gesagt: «Wenn du dich in Nordrhein-Westfalen registrierst, bleibst du auch in Nordrhein-Westfalen.» Das sind Aussagen, auf die man sich gerne verlässt, wenn man überhaupt keine Ahnung hat, wie es weitergeht.

Irgendwann sind wir an einem Flüchtlingslager angekommen, das früher mal ein Supermarkt für den Großhandel war. Er ist für die Flüchtlingskrise 2015 umgebaut und renoviert worden. Bevor wir hineindurften, kamen zwei Ärzte zu uns in den Bus und haben uns gesundheitlich kontrolliert. Als wir in der Unterkunft ankamen, war es bereits dunkel. Im Nachhinein muss ich sagen, dass die Zeit in diesem Lager sehr schön und angenehm war. Dort ist mir tatsächlich das erste Mal so richtig bewusst geworden: Okay, ich bin jetzt wirklich Flüchtling. Ich bin jetzt angekommen.

Ich teilte mir ein riesiges Zimmer mit zwei Afghanen, mit denen ich mich auf Anhieb sehr gut verstand. Insgesamt hatte ich mit der Zuteilung sehr viel Glück. In diesem Lager gab es einen Security-Mitarbeiter, der ebenfalls aus dem Iran kam. Als ich mich am nächsten Tag bei ihm vorstellte und erzählte, wer ich bin, hat er mir sofort geraten, mich persönlich in der Unterkunft vorzustellen. Dieser Iraner war sehr nett und hat gleich verstanden, dass mir als Leistungssportler vor allem die Bewegung fehlte. Natürlich hatte ich mich in den letzten Wochen auf meiner Flucht viel bewegt, aber das hatte nichts mit geregeltem Training zu tun, aus dem ich durch meine Verhaftung am Flughafen direkt nach der WM gerissen wurde. Der Iraner hat mich zweimal täglich auf einem Sportplatz joggen lassen. Das war zwar kein Training, wie ich es kannte, aber definitiv besser als nichts.

Das Gespräch in der Unterkunft verlief allerdings nicht ganz so einfach. Ich konnte zu dem Zeitpunkt kein Wort Deutsch und nur sehr schlecht Englisch. Ich weiß nicht, wie ich es angestellt habe, aber es gelang mir, ihnen zu erklären, dass sie meinen Namen googeln sollen. Sie waren total überrascht, wer da in ihrer Unterkunft angekommen war, denn bei erfolgreichen Sportlern, die in ihrem Land gefeiert werden, rechnet man in der Regel nicht damit, dass sie flüchten müssen. Darum wollten sie mir zuerst nicht wirklich glauben. «Aha, aha, aha» war die erste Reaktion, verbunden mit der ungläubigen Frage: «Das bist du?» Sie notierten sich meinen Namen und fragten mich nach meinen Plänen. Ich habe ihnen so gut es ging erklärt, dass ich nach Essen möchte. Ich wusste nämlich zufällig, dass Max Hoff, der Weltmeister aus Deutschland, in Essen trainiert. Ich kannte die Stadt Essen eigentlich nur, weil ich wusste, dass man dort Kanurennsport betreiben kann. Deshalb war es für mich so unheimlich wichtig, in Nordrhein-Westfalen zu bleiben. Auch wenn ich nicht wirklich wusste, wo dieses Essen überhaupt liegt, hatte ich doch mitbekommen, dass es in der Nähe sein muss.

Eigentlich hatte ich mit meiner Flucht aus dem Iran mit dem Kanusport abgeschlossen. Für mich war klar, dass meine Karriere als Sportler zu Ende ist. Zudem war ich in den letzten

Tagen viel zu sehr damit beschäftigt gewesen, auf der Flucht zu überleben, als dass ich Zeit gehabt hätte, Karrierepläne zu schmieden. Wenn überhaupt, habe ich mich lange ausschließlich in England gesehen. Der Kanusport hat in meinen Überlegungen bis dahin keine Rolle mehr gespielt. Das hat sich mit meiner Ankunft in Deutschland geändert. «Wenn es mit England nicht funktioniert und ich hier in Deutschland bleibe, möchte ich auch wieder paddeln», habe ich mir selbst gesagt, sobald klar war, dass ich meinen Traum von Großbritannien begraben musste. Die Mitarbeiter haben mir versprochen, alles zu notieren und schnellstmöglich weiterzuleiten.

Letztendlich ist nicht alles so gekommen, wie ich es mir nach diesem Gespräch erhofft habe. Wenn ich ehrlich bin, habe ich aber überhaupt keinen Grund, mich zu beklagen. Die Zeit in dieser Unterkunft war wirklich angenehm. Immer wieder kamen wildfremde «Einheimische», brachten mir Klamotten, Obst und etwas zu essen und wollten Fotos mit mir machen. Ich war so etwas wie eine lokale Berühmtheit. Wahrscheinlich hat der Iraner von der Security von mir erzählt, denn ich hatte bis zu diesem Zeitpunkt mit niemandem von der Presse gesprochen.

3. BAMDAD

Kurz nach meiner Ankunft in der Unterkunft bekam ich eine Nachricht des iranischen Journalisten, den ich angeschrieben hatte. Er bat mich um meine Nummer und hat mich dann tatsächlich angerufen. Bamdad hatte sofort großes Interesse an meiner Geschichte, obwohl er noch nie von mir gehört hat. Er musste sich die Story nur noch von seiner Redaktion genehmigen lassen.

Ein paar Tage später stand er mit einem Kamerateam bei mir in der Unterkunft und machte einen Film über mich. Wir haben lange geredet und Bilder in meinem Zimmer und auf einem Sportplatz gedreht. Ich musste mich für die Kamera an ein Fußballtor hängen, ein paar Klimmzüge machen und ein paar Runden über den Sportplatz joggen, wo ich auch sonst täglich meine Übungen machen durfte. In diesem Interview ging es vor allem um meine Flucht und die Beweggründe, aus denen ich als erfolgreicher Sportler meine Heimat verlassen hatte. Außerdem wollte Bamdad genau wissen, was ich mir von meinem neuen Leben in Deutschland wünsche und welche Ziele ich habe. Ich wusste, dass es zu dem Zeitpunkt nur ein unrealistischer Traum war, aber ich erzählte ihm, dass ich alles tun würde, um irgendwann an den Olympischen Spielen teilzunehmen. Das muss sich komisch für ihn angehört haben, denn schließlich war ich gerade aus dem Land geflüchtet, für das ich als Asienmeister von 2014 ziemlich sicher bei Olympia 2016 in Rio de Janeiro gestartet wäre. Diese Möglichkeit gab es nun nicht mehr. Dafür hatte sich plötzlich eine andere Möglichkeit ergeben, die mir neue Hoffnung gab.

Im Zuge der riesigen Flüchtlingskrise im Sommer 2015, die auch einige ambitionierte Sportlerinnen und Sportler betraf, hatte das Internationale Olympische Komitee zwischenzeitlich ein Flüchtlingsteam gegründet, das 2016 in Rio unter dem Namen «Refugee Olympic Team» erstmals an den Start gehen sollte. Diese Mannschaft sollte aus Athleten bestehen, die als anerkannte Flüchtlinge nicht mehr für ihr Heimatland antreten können. IOC-Präsident Thomas Bach hatte die Angelegenheit zur Chefsache erklärt, denn er wollte, so seine Aussage, «ein Zeichen der Hoffnung an alle Flüchtlinge auf der Welt setzen.»

Die nationalen olympischen Komitees der die Flüchtlinge aufnehmenden Länder waren vom IOC aufgefordert worden, Sportler zu benennen, die sowohl als Flüchtling anerkannt sind als auch gewisse sportliche Qualifikationen erfüllen. Durch die Schaffung dieses Teams bekam mein Traum von den Olympischen Spielen neue Hoffnung. Ich hatte Bamdad in unseren Gesprächen sofort davon erzählt.

Der erste Film, der kurz nach meiner Ankunft gemacht wurde, endet deshalb auch mit einer Szene von mir, in der ich zum Song «Olympique» in Sportklamotten über einen Fußballplatz gehe.

Weil ich als Flüchtling, der eigentlich nur Farsi sprach, wohl kaum Gehör bei den zuständigen Verbänden gefunden hätte, bat ich Bamdad, mir bei der Kontaktaufnahme zu helfen.

In der Zwischenzeit hatte sich für mich bereits eine ganze Menge geändert. Die ersten Tage waren sehr dynamisch, und ständig passierte etwas, das einem mal mehr und mal weniger gefiel.

Ein paar Tage nachdem ich in der Unterkunft angekommen war, musste ich zu einer medizinischen Untersuchung und anschließenden Registrierung erscheinen. Die Frau am Schalter drückte mir nach der erneuten Abnahme meiner Fingerabdrücke einen Umschlag in die Hand und sagte: «Hier ist dein Ticket. Damit gehst du zu der neuen Unterkunft.» Da stand zwar Karlsruhe drauf, aber ich habe mich richtig gefreut, denn ich dachte, Karlsruhe ist ein Teil von Essen oder liegt zumindest in unmittelbarer Nähe.

Ich hatte ja immer noch den großen Wunsch, nach Essen zu kommen, um dort am Bundesstützpunkt mit Max Hoff und den anderen starken Kanuten trainieren zu können. Ich habe mir auch keine großen Sorgen darüber gemacht, dass das sehr weit weg sein könnte, denn mein Freund aus Leverkusen hatte mir ja völlig überzeugend erklärt, dass man in dem Bundesland bleibt, in dem man das erste Mal registriert worden ist.

Weil ich nicht wusste, wo dieses Karlsruhe liegt, habe ich die Frau gefragt, ob das in NRW ist. Als sie «Nein, in Baden-Württemberg» sagte, habe ich das erst gar nicht verstanden. Mein Englisch war schlecht und meine Landeskenntnisse nicht viel besser. Sie holte eine Landkarte raus, zeigte mit dem Finger darauf und sagte: «Hier ist Frankreich und hier ist Karlsruhe.» In dem Moment habe ich das erste Mal begriffen, dass das hier ganz anders lief, als ich es mir vorgestellt habe. Das war ein brutaler Rückschlag, der mich richtiggehend verstört hat. Damit waren für mich alle Träume von einer Kanukarriere in Deutschland auf einen Schlag erledigt, denn ich wusste nicht, dass Karlsruhe am Rhein liegt und es dort einen der besten Kanuvereine des Landes gibt.

Das blieb auch noch eine ganze Weile so, denn ich hatte es in meinen ersten Wochen in Karlsruhe tatsächlich geschafft, jeden Tag joggen zu gehen, ohne ein einziges Mal Wasser gesehen zu haben.

Ich musste noch am gleichen Tag nach Karlsruhe reisen und mich in dem neuen Flüchtlingsheim melden, von dem aus ich innerhalb der Stadt noch mal in ein anderes Heim transferiert wurde. Trotz des Rückschlags wollte ich die Idee von Essen nicht aufgeben und fuhr zwei Tage nach meiner Ankunft in Baden-Württemberg zu meinem Kumpel nach Leverkusen. Er hatte mir eine Mitfahrgelegenheit organisiert und wir sind dann zusammen nach Essen gefahren – ich war von der Idee besessen, mich unbedingt persönlich beim dortigen Kanuverein vorstellen zu müssen. Ich war mir sicher, dass sie mir helfen würden, wenn sie meine Geschichte hören. Der verantwortliche Trainer redete aber gar nicht lange herum und erklärte: «Wir können dir hier leider nicht helfen, aber du kannst eine Mail schreiben.» Das war sehr frustrierend und eine erneute Niederlage. Doch wenn ich etwas in meinem Leben gelernt hatte, dann, dass mich jeder Rückschlag nur stärker macht.

4. DETLEF

Ich bin dann erst mal in Köln bei Faramarz geblieben und habe mich immer wieder bei Bamdad gemeldet. Der hatte in der Zwischenzeit mitbekommen, dass ich nach Karlsruhe geschickt worden bin und dass es mir damit nicht gut ging.

Er hat Wort gehalten und sowohl den Deutschen Kanu-Verband als auch den für die Olympianominierung der Sportler verantwortlichen Deutschen Olympischen Sportbund, kurz DOSB, angerufen. Beim DOSB hatte er eine freundliche Dame am Telefon, die sich die Zeit nahm, ihm in aller Ruhe zuzuhören. Als er ihr von einem netten iranischen Sportler erzählte, der gerade nach Deutschland geflüchtet war und nun drauf und dran war, in seiner Unterkunft in Karlsruhe ohne Leistungssport auszuharren, gab sie ihm die Telefonnummer von Detlef Hofmann in Karlsruhe. Der hatte 1996 in Atlanta die Olympische Goldmedaille im K4 gewonnen und war lange Zeit Bundestrainer der deutschen Kanuten.

2015 war er beim Deutschen Kanu-Verband (DKV) Chefbundestrainer Nachwuchs und einer der Verantwortlichen bei den Rheinbrüdern Karlsruhe, einem sehr erfolgreichen Kanuverein. Als Bamdad mich anrief, konnte ich mein Glück gar nicht fassen. Ich muss ehrlich sagen, dass alles, was danach passierte, nie möglich gewesen wäre, wenn Bamdad Esmaili sich nicht so sehr um mich gekümmert hätte.

Bamdad erzählte mir von Detlef. Obwohl ich ihm garantiert bei dem einen oder anderen Weltcup oder einer WM bereits über den Weg gelaufen war, zumal er als Bundestrainer auch Max

Hoff betreut hatte, konnte ich mit dem Namen zunächst nichts anfangen. Doch das war völlig egal. Es war ein Name und es war Karlsruhe.

Weil ich kein Deutsch sprach und mich auf Englisch auch nicht richtig ausdrücken konnte, musste Faramarz bei ihm anrufen und einen Termin ausmachen. Anschließend bin ich gemeinsam mit einem Dolmetscher nach Karlsruhe in das Trainingsquartier der Rheinbrüder im Rheinhafen gefahren. Dort habe ich das erste Mal so richtig realisiert, wie viel Wasser und welch großartige Kanubedingungen es in Karlsruhe gibt.

Als ich Detlef das erste Mal vor mir sah, war mir sofort klar, mit wem ich es zu tun habe. Detlef Hofmann ist eigentlich alles. Er ist einer, der als Sportler und Trainer im Kanusport erreicht hat, was man erreichen kann. Er war Weltmeister, Europameister und Olympiasieger und hat auch als Trainer alles gewonnen, was man gewinnen konnte. Er ist einfach eine große Nummer. Auch wenn mir sein Name nicht gleich etwas gesagt hat, wusste ich, wer er ist, als er vor mir stand. Es war ein Traum. Ich hatte ja schon erzählt, wie wichtig es für uns früher, als wir mit der iranischen Nationalmannschaft zu Wettkämpfen gefahren sind, war, Max Hoff oder anderen Personen aus der deutschen Mannschaft Hallo zu sagen. Die Deutschen waren für uns immer das Maß der Dinge. Wenn tatsächlich mal einer gegrüßt hat, war das für uns unglaublich.

Doch jetzt mit Detlef Hofmann an einem Tisch zu sitzen und sich zu unterhalten - das war größer als alles, was ich mir hätte vorstellen können. Wir saßen zu viert mit dem Dolmetscher an einem Tisch, und ab und zu habe ich versucht, ein bisschen Englisch zu sprechen.

Detlef hat sich für alles interessiert. Er wollte wissen, was ich in Deutschland mache, was ich in dieser Saison bereits geleistet habe und wie meine Vorsaison gewesen ist. Da konnte ich ein bisschen angeben, weil ich 2014 bei den Weltcups im Zweier gleich dreimal unter den Top 9 und somit im Endlauf gelandet war. Ich habe auch ein bisschen von meinen organisatorischen Problemen erzählt, aber die waren gar nicht so wichtig für ihn. Er hat diesen einen Satz gesagt, der alles verändert hat: «Du darfst ab morgen bei uns paddeln.» Nur das. Und dann wollte er noch wissen: «Isst du Schweinefleisch?» Ich konnte mein Glück nicht fassen und habe geantwortet: «Ich esse Steine. Gib mir einfach ein Boot und ein Paddel.» Wir sind dann zur Bootshalle an den Rheinhafen gegangen, und sie haben mir ein Boot gegeben.

Bereits am nächsten Tag durfte ich mit dem Paddeln beginnen. Es war wie im Traum. Zu meinem Glück hatten die Rheinbrüder nach der Sommerpause gerade ihr Herbsttrainingslager begonnen und ich durfte dort einfach mitmachen.

Jemand, der niemals so verzweifelt gewesen ist wie ich und aus Angst um sein Leben alles hinter sich lassen musste, kann sich nicht vorstellen, wie es in diesem Moment in mir aussah. Ich hatte in meinem Leben viel Glück gehabt, doch das war außergewöhnlich.

In dem Moment, als Detlef sagte: «Du darfst ab morgen paddeln», begann für mich ein ganz neues Leben.

Ich hatte alles verloren, war neu in einem Land, dessen Sprache ich nicht verstand, und plötzlich kommt ein Mensch, der dich überhaupt nicht kennt, und schenkt dir Hoffnung. Dieser Augenblick fühlte sich an, als wäre ich neu geboren.

5. ZURÜCK IM BOOT

Die Rückkehr ins Kanu verlief allerdings etwas schwieriger, als ich es mir vorgestellt hatte. Wie besprochen kam ich gleich am nächsten Tag zum Training der Rheinbrüder, die zu diesem Zeitpunkt bereits mitten in ihrem Herbstlehrgang waren. Natürlich wollte ich allen zeigen, was ich draufhabe, und habe es dabei wohl etwas übertrieben. Das letzte Mal, dass ich im Boot gesessen hatte, war noch bei der WM in Mailand gewesen, also kurz vor meiner Flucht.

Seit meiner Ankunft in Deutschland hatte ich mich zwar mit Joggen und ein paar Klimmzügen fit gehalten, aber das hatte alles nichts mit Leistungssport zu tun, wie es auf diesem Niveau praktiziert wird.

Mein Problem war schon immer, dass ich es nicht langsam angehen lassen kann und gleich versucht habe, richtig Gas zu geben. Das war ein Fehler, denn ich bekam unfassbare Krämpfe und furchtbare Blasen an meiner Hand. Der Anfang war zwar sehr hart, auf der anderen Seite hatte ich diese Trainingsschmerzen vermisst. Abgesehen von den paar Wehwehchen ging es mir richtig gut. Das lag ganz sicher auch daran, dass mich die anderen aus der Trainingsgruppe auf Anhieb super aufgenommen hatten. Sie haben sich auf mich gefreut und gehofft, dass ich schnell wieder zu alter Form finde. Ich konnte eine echte Verstärkung für die verschiedenen Boote der Rheinbrüder sein, die seit Jahren vorne mit dabei waren, wenn unter anderem bei den deutschen Meisterschaften die Medaillen verteilt wurden. Das erschien zu diesem Zeitpunkt noch sehr weit weg, und niemand wusste, wie ich mich anstellen würde, aber es war immerhin eine Möglichkeit. Sprechen konnten wir allerdings nicht viel miteinander, weil ich mich anfangs ohne Dolmetscher nur mit Händen und Füßen verständigen konnte. Letztlich sollte das ein großer Antrieb für mich sein, die Sprache meiner neuen Heimat schnellstmöglich zu erlernen.

Nach den Trainingseinheiten ging es für mich jeden Abend in meine Unterkunft zurück. Ich hatte die Verpflichtung, mich dort über Nacht aufzuhalten. Das größte Problem, das ich in den ersten Tagen im Trainingslager hatte, war dann auch nicht das Training selbst, sondern das Essen. In der Unterkunft gab es dreimal täglich feste Mahlzeiten: Frühstück, Mittagessen und Abendessen. Ich war schon immer jemand, der unheimlich viele Kalorien braucht. Es wäre undenkbar für mich, morgens ohne reichhaltiges Frühstück Sport zu machen. Ich musste allerdings bereits um 6 Uhr, noch vor dem angebotenen Frühstück, raus aus der Unterkunft, weil das Training um 7 Uhr begann. Ich bin kurzerhand zu Aldi gegangen, habe mir ein paar Sachen gekauft und wollte zurück in mein Zimmer, um dort früher zu frühstücken. Das war allerdings verboten, denn man durfte von außen keine Lebensmittel reinbringen. Als der Sicherheitsdienst meinen Rucksack durchsuchte, haben sie alle Lebensmittel rausgenommen und weggeschmissen.

Ich habe mir dann jeden Abend nach dem Training etwas zum Frühstücken für den nächsten Tag gekauft und alles unter einem Baum vorm Heim versteckt, unter dem ich am nächsten Morgen gefrühstückt habe. Ich muss allerdings zugeben, dass ich mir das Leben manchmal schwerer als nötig gemacht habe. Ich hätte mich morgens gar nicht so stressen müssen, denn direkt vor meiner Unterkunft war eine Bushaltestelle, von der aus ich recht schnell zum Verein hätte fahren können. Weil ich das aber nicht gewusst habe, bin ich jeden Morgen drei oder vier Kilometer zum Training gejoggt und habe dadurch viel Zeit verloren. Das war mir aber völlig egal, denn ich war so unfassbar motiviert, dass ich alles gemacht hätte, um weiter paddeln zu können.

Doch kaum hatte ich begonnen, Fuß zu fassen, schien alles schon wieder vorbei. In der Unterkunft gab es einen Glaskasten, in dem regelmäßig Listen ausgehängt wurden, auf denen stand, ob oder wann man in eine andere Unterkunft transferiert wird. Man hatte mir von Anfang an gesagt, dass Karlsruhe nicht meine Endstation ist und ich in absehbarer Zeit einer anderen Unterkunft zugeteilt werden würde. Als ich am Samstagabend vom Training zurückkam und in den Kasten schaute, hatte ich nicht damit gerechnet, meinen Namen zu lesen. Ich war fest davon ausgegangen, am Montag wieder ins Trainingslager zurückzukehren. Die Trainer hatten mir sogar einen Trainingsplan mitgegeben, mit dem ich in der kommenden Woche arbeiten sollte. Dementsprechend war ich wie von einem Hammer getroffen, als da plötzlich stand: «Saeid Fazloula - Transfer morgen, Sonntag.»

Das war unglaublich und fühlte sich absolut falsch an. Ich kenne keinen anderen Flüchtling, dem man am Abend zuvor gesagt hatte, dass er am nächsten Tag woandershin muss. Es wäre ja noch okay gewesen, wenn dort als Ziel Karlsruhe oder ein anderer Ort in der Nähe gestanden hätte, doch ich sollte schon in wenigen Stunden ins 60 Kilometer entfernte Heilbronn umziehen. Ich bekam sofort Panik und sagte mir: «Alter, ich habe mir so viel Mühe gegeben, ich bin jetzt hier, ich wäre fast gestorben. Ich habe ein neues Leben angefangen, und nun so was.» Ich hatte schon nicht nach Essen gehen dürfen, und als ich dachte, endlich mein Glück gefunden zu haben, ging es wieder von vorne los. Ich war völlig verzweifelt und habe Gott angefleht: «Bitte, bitte, bitte, sorg dafür, dass ich hierbleiben darf.»

Ich hatte zwar Detlefs Nummer, aber kein Handy. Außerdem brauchte ich jemanden, der mit ihm spricht, denn er hätte mich nicht verstanden. Ich bin dann zu dem Telefonautomaten gegangen, der bei uns in der Unterkunft hing, habe meinen Cousin in Bayern angerufen und ihn gebeten, Detlef Bescheid zu sagen. Er hat daraufhin mit Detlef gesprochen und ihm die Nummer eines meiner Mitbewohner gegeben. Detlef hat mir über die anderen ausrichten lassen: «Du bleibst dort und machst einfach gar nichts.» Am nächsten Tag wurden alle transferiert, nur ich nicht. Ich bin dortgeblieben, bis ein paar Tage später ein neuer Brief mit der Info ankam, dass ich in eine fünf Kilometer entfernte Einrichtung im Landkreis Karlsruhe verlegt werden sollte. Diese Unterkunft war für mich noch viel besser gelegen als die vorherige, und ich konnte künftig mit dem Rad zu den Rheinbrüdern fahren.

Ich hatte Detlef erst kurz zuvor kennengelernt und nicht gewusst, dass er im Stadtrat von Karlsruhe saß. Er hat wohl seine politischen Kontakte genutzt und seine Kollegen überzeugt, dass ich hierbleiben und weiter paddeln kann. Auch dafür bin ich ihm für immer dankbar.

Damals war ich sportlich nicht wirklich gut, aber er muss irgendwas in mir gesehen haben und wollte mir eine Chance geben. Ich kann gar nicht oft genug wiederholen, wie viel Glück ich in meinem Leben mit den Menschen hatte, die ich getroffen habe.

6. RHEINBRÜDER

Eigentlich war es nie mein Ziel gewesen, in Deutschland zu leben. Lange vor meiner Flucht hatten Freunde in Deutschland versucht, mich während meines ersten Weltcups in Duisburg zu überreden, mich hierher abzusetzen. Das hätte bestimmt ganz gut funktioniert, denn neben dem Cousin meines Papas kannte ich schon damals eine Menge Iraner, die hier lebten. Zu dem Zeitpunkt war es nur noch gar kein Thema für mich. Ich fühlte mich als Iraner und war stolz, meine Heimat bei großen Wettkämpfen in der ganzen Welt repräsentieren zu dürfen. Dass ich am Ende doch hier gelandet bin, hat neben dem Umgang des Iran mit mir vor allem damit zu tun, dass mich mein Schlepper beschissen hat. Statt mir auf meinem Weg nach England zu helfen, hat er mein Geld gestohlen und mich in Dortmund hängen lassen. Damit war mein großer Traum von einem Leben in England zerstört, doch obwohl ich allen Grund hätte, ihn zu hassen, muss ich ihm sogar dankbar sein. Er hat mich in ein Leben gezwungen, das ich eigentlich nicht gewollt hatte, das es aber sehr gut mit mir gemeint hat. Ich weiß nicht, wo ich in England untergekommen wäre, wenn ich mich dort als Flüchtling gemeldet hätte, bezweifle aber, dass es so gut gewesen wäre wie in Deutschland. Das lag sicher auch daran, dass Deutschland im Zuge der großen Flüchtlingswelle von 2015 schnell die Notwendigkeit erkannt hat, die Menschen ordentlich unterzubringen. Ich kann nur für mich sprechen, aber die Orte, an denen ich gelandet bin, waren immer ordentlich und meistens neu oder frisch renoviert.

Ich hatte im Großen und Ganzen auch viel Glück mit den

Deutschen, denen ich begegnet bin. Das ging schon in meiner ersten richtigen Unterkunft in Nordrhein-Westfalen los, wo jeden Tag nette Menschen kamen, um mir etwas zu essen oder zum Anziehen zu bringen. Ohne die Hilfe von Detlef Hofmann und den Rheinbrüdern wäre es mir nie gelungen, mich so schnell in Deutschland wohlzufühlen. Lange bevor ich hierherkam, hatte man mir immer gesagt: «Deutsche sind hart, kalt, aggressiv, und man kann keinen Kontakt mit ihnen aufnehmen.» Doch was ich erleben durfte, war meistens genau das Gegenteil. Aber man redet ja auch über Flüchtlinge nicht immer nur schön oder nur schlecht. Mein Motto war immer, dass nicht alle fünf Finger einer Hand gleich sind. Es gibt kleine, große, dicke, dünne. Das ist bei Menschen genauso. Es gibt schlechte und es gibt gute. Es gibt nette und böse. Genau wie bei Geflüchteten gibt es auch bei den Deutschen Menschen, die Ärger machen. Doch die Art, auf die ich hier aufgenommen wurde und in Karlsruhe einen Neustart machen konnte, war wahnsinnig schön und faszinierend. Daran haben auch Hasskommentare und böse Sprüche nichts geändert, die man vor allem als Flüchtling immer wieder zu hören bekommt.

Am Ende bleibt es dabei, dass ich Deutschland für immer sehr dankbar sein werde.

7. RICHTIG ANGEKOMMEN

Nach dem verhinderten Zwangsumzug in letzter Sekunde ging es für mich dank Detlefs Hilfe in eine Unterkunft in Rheinstetten im Landkreis Karlsruhe, wo ich auf Dauer bleiben sollte. Damit konnte ich gut leben, denn sie lag perfekt zum Trainingsgelände der Rheinbrüder nur wenige Kilometer vom Rheinhafen entfernt. Die ersten Tage waren schwierig. Weil ich dort mitten im Monat ankam, bekam ich nur Einkaufscoupons. Geld gab es nur am Monatsanfang, sodass ich anfangs ein paar Tage überbrücken musste. In dieser Unterkunft gab es keine geregelten Mahlzeiten wie in der vorherigen Erstaufnahmeeinrichtung. Die Flüchtlinge mussten sich selbst versorgen und einkaufen. Ich durfte mit den Coupons in bestimmten Supermärkten einkaufen, ging zu Rewe und habe meinen Einkaufswagen erst mal mit Snacks und Süßigkeiten vollgepackt.

Damit waren die 60 Euro, die ich zur Verfügung hatte, schnell verbraucht, und ich musste die ganzen nahrhaften Sachen wieder aus dem Wagen nehmen. In manchen Nächten war ich richtig verzweifelt, weil ich überhaupt kein Essen hatte. Ich habe den ganzen Tag wie verrückt trainiert und hatte morgens manchmal nur ein Stück Brot. Rückblickend weiß ich nicht, wie ich die zwei Wochen durchgehalten habe, bis es auch für mich Geld gab. Ich muss allerdings zugeben, dass ich mich beim Einkaufen auch nicht besonders clever angestellt habe.

Auch sportlich waren die ersten Wochen schwierig. Für jemanden, der bereits bei Weltcups gute Platzierungen hingelegt hatte, war es unheimlich hart, nach der fluchtbedingten Pause wieder sehr weit unten anfangen zu müssen. Ich hatte einen Partner, der von den Junioren aus der U23 kam und sich bremsen musste, weil ich unheimlich zu kämpfen hatte, um konditionell mitzukommen. Ich habe mich aber jeden Tag aufs Neue voll reingegeben, die Zähne zusammengebissen und versucht, meinen Rückstand Stück für Stück aufzuholen. Am Ende hat es vier bis sechs Wochen gedauert, bis ich wirklich wieder richtig drin war. Das waren keine einfachen Tage und Wochen für mich.

Zum Glück war die Zeit in der Unterkunft ganz okay, auch wenn die Lebensbedingungen nicht so schön waren. Ich wohnte dort mit einem Iraker und einem iranischen Kurden auf etwa fünfzehn Quadratmetern. Was in der richtigen Welt nicht funktioniert und zu Konflikten führt, passte dort ganz gut zusammen. Die Zeit mit den beiden war anfangs super und wir verstanden uns auf Anhieb recht gut. Die steckten allerdings in großen Schwierigkeiten und waren irgendwann plötzlich verschwunden. Der eine wollte sich ebenfalls nach Großbritannien durchschlagen und scheiterte auf seinem Weg. Der andere wurde von der deutschen Polizei festgenommen.

Irgendwann wurde die Situation in der Unterkunft immer schwieriger. Zum einen gab es da Typen, die bis 3 Uhr morgens Party machten, Alkohol tranken und Zigarre rauchten, sodass ich keine Ruhe fand. Zum anderen kam es nun manchmal vor, dass meine Lebensmittel plötzlich verschwunden waren. Irgendjemand hatte angefangen, mich zu beklauen.

Detlef kannte diese Probleme, denn als Stadtrat wusste er ziemlich genau, was in diesen Unterkünften so vorgeht. Um mich wirklich auf den Sport konzentrieren zu können, bot er mir Ende November 2015 an, in den Verein umzuziehen. Ich habe nicht wirklich verstanden, was er meint, und nachgefragt: «Was, ich mich im Verein umziehen?» «Ja, du nimmst all deine Sachen, kommst zu uns in den Verein und darfst ab sofort da leben», war die Antwort. Das war nur möglich, weil es im Obergeschoss des Bundesstützpunkts ein paar Zimmer gab, in denen man im Rahmen von Lehrgängen übernachten konnte. Diese Zimmer standen meistens leer, sodass ich niemandem den Schlafplatz weggenommen habe.

Das war wieder ein neues Leben, wieder ein neuer Anfang. Was willst du mehr? Ich durfte dort trainieren, hatte ein eigenes Zimmer, eine eigene Küche, alles Mögliche. Klar, ich hatte im Iran ein Auto, ein Leben, Haus, Geld und alles bis zum geht nicht mehr gehabt, und doch keine sichere Zukunft. Ich war hier mit diesen Kleinigkeiten so unfassbar glücklich und zufrieden. Wenn du alles verloren hast, lernst du plötzlich andere Werte schätzen. Dinge, die ich früher nie wahrgenommen hätte, waren mir nun unendlich wichtig. Mein Trainer Ralf Straub ist mit mir an einem Nachmittag zum Flüchtlingsheim gefahren und hat mit mir mein ganzes mir noch verbliebenes Leben in die eine Hälfte seines Kofferraums geladen, um mich in mein neues Zuhause zu fahren, in dem ich nun endlich länger bleiben sollte. Alles, was ich besaß, passte in zwei Kisten, sodass der Umzug schnell erledigt war.

Ich bin mir sicher, dass Detlef einiges mit seinem Vorstand abklären musste, denn es ist nicht selbstverständlich, jemanden, der gerade erst nach Deutschland gekommen ist, aufzunehmen und ihm alles zu ermöglichen, damit er seinen Sport ausüben kann. Er hat mir einen riesigen Vertrauensvorschuss gegeben.

Es hätte immerhin auch sein können, dass ich am Ende nur Mist baue. Ich war in meinem Leben bis dahin ganz sicher nicht immer ein guter Mensch und manchmal wahrscheinlich auch ein richtiges Arschloch gewesen. Doch all die Hilfe und Liebe, die ich in Deutschland bekommen habe, haben mir die Augen geöffnet, und ich habe angefangen, darüber nachzudenken, warum ich nicht auch so sein kann.

Ich war mir sicher, ich hatte die Kraft, hilfsbereit zu sein und Menschen zu helfen, auch in mir, ich musste es nur tun. So habe ich angefangen, andere zu unterstützen und Liebe zu schenken, statt immer nur an mich zu denken. Detlef und die Rheinbrüder waren von Anfang an wie eine Familie für mich, und ich habe zum ersten Mal richtig verstanden, für was das «Brüder» in Rheinbrüder steht. Am Anfang wusste ich nicht, was das Wort Bruder bedeutet oder was ein Stadtrat ist. Das war vielleicht auch ganz gut, denn wenn ich verstanden hätte, wo Detlef arbeitet und was er bewirken kann, hätte ich wahrscheinlich gesagt: «Hey Detlef, mach das für mich, mach das für mich, und mach das für mich.» Dem war aber nicht so.

Ich hatte keine Ahnung, und es kam von beiden Seiten alles von Herzen. Das Einzige, was ich wusste, war, dass ich wirklich hier in Karlsruhe bleiben wollte. Ich habe mich dort schnell wie zu Hause gefühlt, weil es für mich wie in meiner Heimat war. Auch im Iran gab es Wasser, Grün, Natur, Kanus und Menschen, die mir Liebe gaben.

Das Leben bei den Rheinbrüdern war nach all den verschiedenen Flüchtlingsunterkünften, die ich in den wenigen Tagen seit meiner Ankunft in Deutschland schon gesehen hatte, purer Luxus für mich.

Ich hatte meine eigene Küche, einen eigenen Aufenthaltsraum, einen Fernseher und WLAN im Zimmer. Dazu durfte ich mein eigenes Essen mit in die Unterkunft nehmen und konnte mich so versorgen, wie es für meinen Sport gut war. Kein Wunder, dass ich am Ende dort insgesamt vierzehn Monate verbracht habe. Die meiste Zeit war ich sowieso der einzige Bewohner, sodass ich niemanden störte und umgekehrt. Das war nach den schlechten Erfahrungen in meiner letzten Unterkunft zum einen recht gut, weil es nichts und niemanden gab, der meine Lebensmittel stahl oder mich durch lautes Feiern um meinen Schlaf brachte, aber auf der anderen Seite war es manchmal auch etwas unheimlich, weil ich dort auch nachts die einzige Person war.

Dass dieses Unwohlsein nicht ganz unbegründet war, musste ich erleben, als ich etwa fünf Monate dort gelebt habe. Als unsere Trainer gegen 22 Uhr längst zu Hause waren und ich in meinem Zimmer im ersten Stock war, hörte ich plötzlich ein sehr lautes Geräusch aus dem Erdgeschoss. Das war nicht nur ein Knacken, wie man es manchmal in Häusern hört, sondern ein richtig lautes Krachen und Scheppern, als ob jemand etwas kaputtmacht. Während die Geräusche immer näher kamen, dachte ich zu Beginn noch, dass es vielleicht unser Hausmeister ist, traute mich aber nicht, den Kopf zur Tür rauszustrecken. Denn ich konnte mir nicht wirklich vorstellen, welchen Grund er haben sollte, mit Gewalt gegen die Wände zu schlagen und etwas kaputtzumachen.

Um nicht entdeckt zu werden, hatte ich das Licht bei mir ausgemacht und mich in einer Ecke meines Zimmers verkrochen, als die unbekannte Person immer näher kam und schließlich meine Tür aufmachte. Obwohl ich mir wirklich in die Hose gemacht habe, als ich einen Mann mit schwarzer Maske und Messer in der Hand sah, habe ich laut Hallo gerufen. Zu meinem Glück hat er dadurch Panik bekommen und ist die Treppen runter und aus dem Gebäude gerannt. Ich bin dann sofort zur Tür und habe einen Stuhl so unter die Klinke geschoben, dass man sie nicht mehr von außen öffnen konnte.

Ich wusste nicht, was ich sonst noch tun kann, und hatte keine Ahnung, dass man die 110 anrufen muss, damit die Polizei kommt. Doch selbst wenn ich es gewusst hätte, hätte ich nicht anrufen können. Mein Guthaben war aufgebraucht.

Ich war einfach fix und fertig und saß den Rest der Nacht bei angeschaltetem Licht in meinem Zimmer und konnte kein Auge zutun. In meiner ersten Panik dachte ich sogar, die Iraner seien nach Deutschland gekommen, um mich zu entführen und in die alte Heimat zu verschleppen, damit ich keine weiteren kritischen Interviews geben kann. Ich kann gar nicht beschreiben, was mir in dieser Nach alles durch den Kopf gegangen ist, bis es endlich hell wurde.

Als unser Hausmeister am nächsten Morgen kam, konnte er nicht aufsperren, weil ich die Tür mit einem verkanteten Stuhl verriegelt hatte. Als er laut gegen die Tür klopfte, bekam ich gleich wieder Panik und dachte, der Einbrecher sei zurück. Als ich schließlich aufgemacht habe und raus bin, hat er mich angeblafft: «Was hast du hier getan?» In dem Moment hatte ich unfassbare Angst, alle könnten denken, ich sei das gewesen und hätte irgendwas geklaut. «Ich schwöre, ich war das nicht.» Zum Glück kam Detlef bald und rief die Polizei an. Die Beamten haben sehr schnell klären können, dass es sich um einen Einbruch von außen gehandelt hat und nicht um einen verrückten Flüchtling, der seine eigene Unterkunft zerlegen wollte.

Das war ein brutales Erlebnis für mich, denn ich wollte auch weiterhin dort leben.

8. WER IST DER TYP?

Dass ich immer davon geträumt habe, eines Tages an Olympischen Spielen teilzunehmen, ist kein Geheimnis. Wohl kein Sportler, der nicht aus den multimillionenschweren Sportarten wie Fußball, Tennis oder dem Motorsport kommt, träumt nicht davon, einmal im Leben die Farbe seines Landes beim größten Sportfest der Welt repräsentieren zu dürfen.

Dieser Traum war für mich allerdings ausgeträumt, denn durch meine Entscheidung, aus dem Iran zu fliehen, hatte ich mich auch gegen das iranische Olympiateam entschieden. Es war daher fast so etwas wie eine Wiedergeburt für mich, als ich auf meiner Flucht gehört habe, dass das Internationale Olympische Komitee ein Flüchtlingsteam zu den Spielen nach Rio schicken würde. Ich wollte unbedingt dabei sein und hatte das auch in meinem ersten Interview mit Bamdad Esmaili erwähnt. Das war natürlich sehr ambitioniert, denn zwischen meinem ersten Training bei den Rheinbrüdern und der Eröffnungsfeier der Olympischen Spiele in Rio de Janeiro im Sommer 2016 lagen keine neun Monate. Trotzdem hatte Detlef Hofmann versucht, mir dabei zu helfen, in das «Refugee Athlete Scholarship»-Programm des IOC aufgenommen zu werden. Das war die Voraussetzung für eine mögliche spätere Nominierung durch den IOC-Präsidenten.

Im ersten Moment sah es sehr gut für mich aus, denn der Deutsche Olympische Sportbund (DOSB) hatte mich relativ zügig auf eine Liste als potenzieller Teilnehmer für Rio setzen lassen. Leider bekam Detlef irgendwann im Frühjahr 2016 einen Anruf, dass man mich wieder von der Liste gestrichen hätte. Wir bekamen keinen richtigen Grund genannt, vermuteten aber, es könnte daran liegen, dass der Iran kein Kriegsland war. Außerdem hatte ich zu diesem Zeitpunkt noch keinen nach dem Flüchtlingshilfswerk der Vereinten Nationen anerkannten offiziellen Flüchtlingsstatus. Das war ebenfalls eine der wichtigsten Bedingungen für die Aufnahme in das Team.

Andererseits konnte es auch an politischen Gründen gelegen und der Iran dafür gesorgt haben, dass man mich wieder streicht. Es wäre für die Regierung wohl eine katastrophale Niederlage gewesen, eingestehen zu müssen, dass es Menschen gibt, die aus dem Iran fliehen. Warum auch immer am Ende so entschieden worden ist, war letztlich unwichtig. Ich konnte damit leben, weil ich gerade erst geflüchtet war und mehr als genug damit zu tun hatte, richtig in Deutschland anzukommen und mir ein neues Leben aufzubauen.

Natürlich tat es weh, in Rio nicht dabei zu sein, denn ohne die Probleme in meinem Land hätte ich beinahe sicher für den Iran bei Olympia starten dürfen. Am Ende war für mich alles in Ordnung, denn irgendwie sah ich es vor allem als eine Art Test. Wenn es funktioniert hätte, wäre es schön gewesen, doch so musste ich mir einfach sagen: «Mach weiter, Saeid.» Immerhin war ich damals erst 25 Jahre alt und sicher, dass meine echte Chance auf Olympia noch kommen würde. Ich fasste Tokio 2020 für mich ins Auge. Mein Start bei Olympia war also nur aufgeschoben und nicht aufgehoben. Doch das ist eine andere Geschichte.

Weil die Saison mit den ersten Rennen unmittelbar bevorstand, hatte ich gar keine Zeit, der verpassten Chance lange hinterherzutrauern.

Dadurch gelang es mir, gleich meine erste Regatta zu gewinnen. Sie war ein internationaler Wettkampf auf dem Baldeneysee in Essen, bei dem Kanuten aus Belgien, Holland und ein paar anderen Ländern am Start waren. Auch wenn es international viel größere Wettkämpfe gibt, war das für mich eine ganz große Nummer. Außerdem war ich nun endlich mal in Essen, wo ich ja immer hingewollt hatte.

Ich weiß nicht, ob mich das zusätzlich motiviert hat, aber ich bin dort einige richtig gute Läufe gefahren und erreichte überall die Endläufe. Mein bestes Ergebnis erzielte ich über die Langstrecke von 5000 Metern. Da ließ ich die gesamte Konkurrenz hinter mir und gewann gleich auf Anhieb bei meiner ersten Regatta nach meiner Flucht ein Rennen. Das war Wahnsinn und unheimlich wichtig, denn so konnte ich allen, die Zeit und Vertrauen in mich investiert hatten, zeigen, dass es nicht umsonst gewesen ist. Ich konnte gar nicht richtig verarbeiten, was da los war, sondern habe einfach weitergemacht und auch die nächsten Rennen in Wiesbaden und bei den süddeutschen Meisterschaften gewonnen.

Obwohl ich immer schneller wurde und meine sportlichen Ergebnisse stimmten, konnte ich die Olympischen Spiele in Rio nicht ganz aus meinen Gedanken verdrängen. Vielleicht gerade deswegen, weil ich momentan so stark war. Wäre ich überall hinterhergepaddelt, hätte ich sicher keinen weiteren Gedanken an Rio verschwendet, doch so habe ich mich irgendwann gefragt, was möglich gewesen wäre und ob ich es nicht besser gemacht hätte als diejenigen, die an meiner Stelle für den Iran starten durften. Ich hätte mich definitiv qualifiziert und bin mir sicher, dass ich im Einer ins B-Finale der besten 18 gekommen wäre. Statt in Rio saß ich im Trainingslager vor dem Fernseher und musste aufpassen, mich nicht zu sehr meinem Frust hinzugeben.

Damit hätte ich im Zweifel nur meine sehr gute erste Saison in meinem neuen Leben in Deutschland gefährdet, die noch längst nicht zu Ende war und noch einige Überraschungen bereithalten sollte.

Direkt nach dem Ende der Olympischen Spiele durfte ich mit meiner Mannschaft bei den deutschen Meisterschaften in Brandenburg starten und konnte da ein paar Erfolge feiern, mit denen niemand gerechnet hätte. Ich wahrscheinlich am allerwenigsten. Dort waren alle Nationalkader am Start, darunter einige, die noch ein paar Tage zuvor Medaillen in Rio gewonnen hatten. Wir hatten schon gedacht, dass es eine gute deutsche Meisterschaft werden könnte, aber mein Trainer hat mir dann immer gesagt: «Wenn du ins A-Finale kommst, also unter die besten Neun, ist es wirklich ein super Erfolg.» Ich wusste jedoch, dass ich in einer super Form bin, und habe aus tiefster Überzeugung geantwortet: «Ich komme immer ins A-Finale.» Mangelndes Selbstbewusstsein war zu dieser Zeit sicher nicht mein größtes Problem und dürfte nach außen manchmal etwas überheblich gewirkt haben.

Mein absolutes Highlight war das Rennen im K1 über die Olympische 1000-Meter-Distanz. Da fuhr ich wahrscheinlich einen der besten Läufe meiner Karriere und landete hinter Max Hoff, der ein paar Tage zuvor in Rio die Goldmedaille im Vierer gewonnen hatte, auf dem dritten Platz. Zehn Monate nach meiner Flucht nach Deutschland gewann ich als erster Flüchtling eine Medaille bei den deutschen Meisterschaften. Ich konnte nicht fassen, was ich geleistet hatte.

Mir ist erst viel später so richtig bewusst geworden, was es bedeutet hat, in einem Kanu-Land wie Deutschland bei den nationalen Meisterschaften unter die Top 3 zu fahren und einige

Olympia-Athleten zu schlagen. Das hat mich wirklich stolz gemacht.

Das Schönste war für mich die Siegerehrung, als ich gemeinsam mit meinem Vorbild Max Hoff auf dem Treppchen stand. Zwei Jahre zuvor habe ich es noch gefeiert, wenn er mich überhaupt gegrüßt hatte, und nun durfte ich neben ihm stehen und bekam wie er eine Medaille umgehängt.

Eine Medaille, die ich ein Stück weit auch ihm zu verdanken hatte. Weil ich anfangs kein eigenes Rennpaddel hatte und das Modell von Max mein Lieblingspaddel war, bat ihn Detlef Hofmann, der ihn früher trainiert hatte, mir eins seiner Paddel zu schenken. Ich bin über den Winter mit dem Paddel gepaddelt, und als wir im September 2016 zusammen auf dem Treppchen standen, habe ich ihm gesagt: «Das ist eigentlich dein Paddel.» Ich weiß nicht, ob er wirklich verstanden hat, was ich ihm sagen wollte.

Damit waren die deutschen Meisterschaften für mich aber noch längst nicht zu Ende, denn ich gewann noch Silber im Vierer und Bronze über 200 Meter.

Danach wollte jeder wissen: «Hey, wer ist denn der Typ eigentlich?»

9. DAS INTERVIEW MEINES LEBENS

Während ein Start bei nationalen Wettkämpfen kein Problem war, musste ich für die Teilnahme an größeren internationalen Wettbewerben wie Weltcups, Europa- und Weltmeisterschaften einen Flüchtlingsstatus nachweisen. Das ist ein relativ komplizierter und vor allem langwieriger Vorgang. Man darf sich das nicht so vorstellen, dass man sich bei einer Erstaufnahmeeinrichtung meldet und anschließend ein Dokument mit der Bestätigung, ein anerkannter Flüchtling zu sein, in die Hand gedrückt bekommt. Jeder Flüchtling, der nach Deutschland kommt, weiß, dass er nach der Ankunft Asyl beantragen muss. Irgendwann meldet sich das Bundesamt für Migration und Flüchtlinge, kurz BAMF, und lädt dich zu einem Interview ein, in dem geprüft wird, ob deine Geschichte stimmt. Dieses Gespräch bildet die Grundlage dafür, ob man in Deutschland offiziell als Flüchtling anerkannt wird. Bei mir hat es am Ende vierzehn Monate gedauert. Das lag aber vor allem daran, dass durch die Flüchtlingswelle 2015 sehr viele Syrer nach Deutschland gekommen sind, die aus einem Kriegsland geflüchtet waren und deshalb natürlich Vorrang hatten.

Mein großer Tag stand schließlich im Dezember 2016 an. Ich wurde in die BAMF-Außenstelle nach Karlsruhe geladen und saß für rund neun Stunden einem Mann gegenüber, der meine Geschichte auf Herz und Nieren prüfte. Das sind oft erfahrene Richter, die schon häufig mit Flüchtlingen zu tun hatten und die Personen ganz gut lesen können.

Es geht darum, herauszufinden, ob die Antragssteller wirklich ein Problem haben, aufgrund dessen sie ihr Heimatland verlassen mussten, oder ob sie aus wirtschaftlichen Gründen nach Deutschland wollen. Dort muss man alles auf den Tisch legen. Mein Gesprächspartner wollte genau wissen, warum ich hier bin, was ich zu Hause für Probleme hatte und ob ich das alles beweisen kann. Ich musste alle Bilder, Kontakte, Orte und Namen offenlegen, die irgendwie mit meiner Geschichte zu tun hatten. Wenn ich gesagt habe: «Ich war in Mailand», wollte er wissen: «In welcher Straße, welche Hausnummer, an welchem Tag?»

Als ich erzählt habe, dass ich bei Facebook war und dort Bilder vom Mailänder Dom hochgeladen habe, wollte er wissen, wie ich überhaupt auf die Internetseite gekommen bin, sie sei schließlich im Iran gesperrt. Diese Sperre kann man aber leicht umgehen. Anschließend folgten Fragen nach mir als Person und meiner Heimat. «Wie sieht es da aus? Wie heißt der Fluss, der dort fließt? Über welche Route bist du gekommen? Wie lange warst du unterwegs?» Das hat alles sehr lange gedauert und war sehr anstrengend. Andererseits hat man gemerkt, dass der Richter genau wusste, was er tut. Während ich 14 Monate zuvor, als ich mich bei Detlef vorgestellt habe, ausschließlich über einen Dolmetscher kommunizieren konnte, war ich nun bereits in der Lage, vieles selbstständig auf Deutsch zu beantworten. Ich war weit davon entfernt, fließend Deutsch zu sprechen, doch mit dem Verstehen hatte ich fast keine Probleme mehr. Zur Sicherheit war ein Übersetzer anwesend, das Besprochene hatte schließlich enorme Auswirkungen auf das Leben eines Menschen, und so durfte es keine Missverständnisse geben. Dass ich so schnell Deutsch lernen konnte, war einzig und allein meiner Integration durch den Sport geschuldet. Seit meiner Aufnahme bei den

Rheinbrüdern hatte ich fast ausschließlich auf Deutsch mit allen gesprochen. Ich war natürlich auch regelmäßig in einem Deutschkurs, doch dort lernt man nicht annähernd so viel wie im Verein. Im Deutschkurs bist du am Ende mit Menschen zusammen, die die Sprache ebenfalls nicht können und erst erlernen müssen. Im Verein hatte ich direkten Kontakt zu Muttersprachlern. Wenn man ihre Witze verstehen und etwas über ihre Probleme lernen möchte, muss man ihre Sprache beherrschen. Das geht vor allem über einen starken Willen. Ich habe mich von Beginn an gezwungen, Deutsch zu lernen, um schnell integriert zu werden. Das hat Gott sei Dank gut funktioniert. Natürlich hätte ich versuchen können, mich mit schlechtem Englisch durchzumogeln, doch das hätte mir in dem Land, in dem ich eine neue Heimat gefunden hatte, auf Dauer nichts gebracht. Irgendwann hätte ich die Sprache sowieso lernen müssen, also war mein Motto: «Je eher, desto besser.»

Im Dezember 2015, also etwa zwei Monate nach meiner Aufnahme bei den Rheinbrüdern, habe ich meine Vereinskollegen deshalb gebeten, nur noch Deutsch mit mir zu reden. Ich bin niemand, der anderen, die hierherkommen, viele Tipps geben könnte, doch wenn es etwas gibt, das mir geholfen hat, dann war es der Verein. In den Vereinen spielt sich in Deutschland ein wichtiger Teil des täglichen Lebens ab. Ganz egal, ob es der Kanu-, Fußball- oder Gesangsverein ist. Das ist für mich echte Integration und nicht, einen Flüchtling langfristig in einem Flüchtlingsheim unterzubringen und Syrer nur mit Syrern und Afghanen nur mit Afghanen zu tun haben zu lassen. Sie leben dort oft weiter wie in der Heimat und bekommen gar nicht richtig mit, wo sie eigentlich sind. Weil ich dauernd mit Deutschen zusammen war, konnte ich nicht nur die Sprache lernen, sondern mich auch extrem schnell integrieren. Man lernt die Eigenarten und Besonderheiten der anderen Kultur viel schneller kennen.

Detlef durfte mich zu dem Interview begleiten. Seine Anwesenheit gab mir Ruhe und Selbstvertrauen. Immer wieder wurden bereits gestellte Fragen wiederholt, um zu sehen, ob man sich widerspricht. In den Folgejahren wurde immer wieder fälschlicherweise behauptet, ich sei gar kein richtiger Flüchtling und statt über die Balkanroute mit dem Flugzeug gekommen oder hätte mich bei Wettkämpfen von meiner Mannschaft abgesetzt. Im Endeffekt ist es aber egal, wie man gekommen ist. Wenn man nach dieser harten Befragung von der Bundesrepublik Deutschland zum anerkannten Flüchtling erklärt wird, ist das eine ganz hohe Auszeichnung.

Dieses Interview war das Interview meines Lebens. Ich wusste genau, dass mein erster Fehler auch mein letzter sein könnte. Da saß ein Mann vor mir, der alles über mich wusste. Am Ende durfte Detlef eine Erklärung zu mir abgeben und hat erzählt, welche sportlichen Leistungen ich bereits erbracht hatte, seit ich in Deutschland bin, und wie ich mich in den Verein integriert hatte. Ich werde nie vergessen, wie der Mann zum Schluss zu mir gesagt hat: «Die Gründe, die du genannt hast, sind alle gut und schön, aber ich will wissen, warum du wirklich gekommen bist.» Ich habe ihm daraufhin noch einmal eindringlich erklärt, dass mein Leben wirklich in Gefahr war. Man wird als Iraner entweder aus politischen oder religiösen Gründen anerkannt, anders geht es nicht. Letztendlich hat ihn meine Geschichte mit allem, was in und nach Mailand passiert ist, überzeugt.

Wenn man fertig ist, beginnt das große Warten. Ich wusste nicht, wann ich Bescheid bekommen würde. Das geht mal schneller und mal langsamer. Bei meinem Glück mit Behörden hatte ich eher mit einer längeren Wartezeit gerechnet. Ich erinnere mich noch genau, wie ich aus dem BAMF-Gebäude rausgekommen bin und meine Ohren sich angefühlt haben, als würden sie brennen. Ich war so nervös, dass mein ganzer Körper geglüht hat. Detlef hat mich beruhigt und gesagt, dass es sehr gut gelaufen sei, denn es gab nicht eine Frage, die ich nicht habe beantworten können.

Zum Glück musste ich diesmal nicht lange warten und es ging alles sehr schnell. Bereits nach drei oder vier Tagen kam ein Brief vom BAMF, in dem ich es schwarz auf weiß hatte. Ich war ein durch die Bundesrepublik Deutschland anerkannter Flüchtling und hatte damit das Recht, zu bleiben. Das war der wahrscheinlich wichtigste Sieg in meinem Leben. Wenn man so etwas nie erlebt hat, kann man sich nicht vorstellen, was in einem solchen Augenblick von einem abfällt. Mich durchfuhr eine Mischung aus Erleichterung und Freude. Ich habe sofort Detlef angerufen, und er hat sich genauso mit mir gefreut wie alle anderen. Der Körper holt sich in solchen Ausnahmemomenten manchmal zurück, was er investiert hat. Statt ins Training und aufs Wasser ging es für mich ins Bett. Ich wurde krank wie noch nie in meinem Leben und bekam eine gute deutsche Grippe. Etwas, das ich noch nie im Leben hatte. Damit war ich wohl wirklich in Deutschland angekommen.

10. AUFMERKSAMKEIT

Trotz der Infektion, die mich lange umgehauen hat, konnte ich dank meines offiziellen Flüchtlingsstatus am Trainingslager im Ausland teilnehmen und kam gut in die nächste Saison. Ich hatte mittlerweile einen blauen Pass bekommen, mit dem ich reisen durfte. Das war eine unheimliche Erleichterung, auch wenn ich für viele Länder weiterhin ein Visum beantragen musste.

Die Ergebnisse auf dem Wasser stimmten, und ich konnte mit meinem Trainer vor allem an meiner Technik arbeiten. Wie im Vorjahr habe ich erneut bei der Frühjahrsregatta in Mainz und den süddeutschen Meisterschaften in Wiesbaden Top-Ergebnisse eingefahren. Absoluter Saisonhöhepunkt waren für mich erneut die deutschen Meisterschaften.

Nach den starken Ergebnissen 2016 ging es für mich vor allem darum zu beweisen, dass ich keine Eintagsfliege bin. Ich wollte und musste die Platzierungen des Vorjahres unbedingt zumindest annähernd wiederholen. Der große Unterschied war, dass ich nun durchaus als echter Konkurrent wahrgenommen wurde. Bei meinen ersten Meisterschaften hatten noch die wenigsten irgendwas mit dem Namen Saeid Fazloula anfangen können. Umso wichtiger war es, erneut aufs Treppchen einzufahren. Über die 500-Meter-Distanz landete ich auf Platz 3 und ließ zum ersten Mal Max Hoff hinter mir.

Ich will nicht prahlen, aber natürlich habe ich mich riesig gefreut, mein Idol zu schlagen. Trotzdem muss ich zugeben, dass er insgesamt mehrere Nummern besser ist als ich. Wenn an einem Tag alles zusammenkommt, habe ich die Chance, dass so etwas gelingt. Dieser Tag war einer der extrem guten und Max hatte einen der wenigen schlechten in seiner Karriere. In solchen Momenten gilt es, die Gelegenheit zu nutzen. Max fuhr im Endlauf auf der Bahn neben mir, und ich war gut beraten, nicht zu ihm rüberzuschauen. Ich war immer dann am stärksten, wenn ich mich ausschließlich auf mein eigenes Rennen konzentrierte und abrief, was ich kann. Wahrscheinlich wäre ich vor lauter Schreck umgekippt, wenn ich gesehen hätte, wen ich da gerade hinter mir lasse. Auf den Erfolg in diesem Rennen bin ich auch deswegen besonders stolz, weil vor mir mit dem mehrfachen Weltmeister Lukas Reuschenbach auf Platz zwei und Doppelolympiasieger und Weltmeister Tom Liebscher als Sieger gleich zwei der über Jahre dominierenden Kanurennsportler weltweit lagen. In dem Augenblick habe ich mich schon gefragt, was international wohl möglich wäre. Nun war ich zu einem ernsthaften Konkurrenten geworden. Einige, die mich im Jahr zuvor das erste Mal wahrgenommen hatten, dürften nun realisiert haben, dass es einen neuen Bewerber auf einen Platz in der Nationalmannschaft gibt.

Mit dieser Frage musste ich mich 2017 allerdings nicht weiter beschäftigen, denn obwohl ich zu den Besten gehörte, kam es für mich zu diesem Zeitpunkt nicht infrage, für Deutschland starten zu dürfen. Aufgrund meines Status als anerkannter Flüchtling hätte ich zumindest theoretisch die Gelegenheit gehabt, bei Welt- und Europameisterschaften und internationalen Regatten an den Start gehen zu dürfen, doch ich hätte eine Startfreigabe durch den Internationalen Kanu-Verband ICF gebraucht. Sie zu bekommen war allerdings ausgeschlossen, denn der iranische Verband hatte mich nach meiner Flucht für zwei Jahre sperren lassen. Das betraf zum Glück nur internationale Rennen, sodass ich in Deutschland so viel starten konnte, wie ich wollte. 2018 hat der Iran mir dann ganz großzügig die Freigabe erteilt, was natürlich Blödsinn war, weil die Sperre da ohnehin abgelaufen war.

Meine Erfolge in Deutschland wurden in meiner alten Heimat durchaus zur Kenntnis genommen und kommentiert. Die iranische Nachrichtenagentur Fars hat in einem Artikel geschrieben: «Saeid ist mit einem olympischen Traum nach Deutschland gefahren und kann diesen Traum mit ins Grab nehmen.» In diesem Artikel wurde mir zudem vorgeworfen, ich hätte der iranischen Bevölkerung den Rücken gekehrt und sei somit kein Iraner mehr. Zumindest Letzteres stimmte, denn schließlich fühlte ich mich längst als Deutscher. Das war vor allem für meine Eltern, die weiterhin im Iran lebten, eine schwere Zeit und hat auch mich sehr getroffen. Denn ich hatte mit allem im Leben auch immer meine Eltern stolz machen wollen.

Ich habe nach meiner Flucht nie gefeiert oder irgendetwas anderes als Sport gemacht. Das hat in den ersten Jahren sehr gut funktioniert. Seitdem Detlef mir gesagt hatte, dass ich paddeln darf, fühlte ich mich in Deutschland daheim. Ganz sicher half mir dabei auch meine erste Wohnung, die ich 2017 nach meiner Anerkennung beziehen durfte. Bis zum Abschluss meines Deutschkurses und der damit verbundenen Möglichkeit, mir eine Arbeit zu suchen, wurde mir wie allen anerkannten Flüchtlingen die Miete anderthalb Jahre vom Jobcenter bezahlt. Man kann aber nicht einfach losziehen und sich suchen, was einem gefällt, sondern muss sich an genaue Vorgaben zu Miethöhe und Wohnungsgröße halten. Eine Wohnung darf zum Beispiel nicht größer als 50 Quadratmeter pro Person sein.

Ich hatte gleich bei meiner ersten Bewerbung Glück und bin

mir ziemlich sicher, dass das wieder etwas mit Detlef zu tun hatte. Mein Vermieter war nämlich ebenfalls Paddler und kannte Detlef.

11. DER ADLER AUF DER BRUST

Mit dem Ablauf meiner zweijährigen Sperre für internationale Rennen war im Frühjahr 2018 nun auch die deutsche Nationalmannschaft erstmals ein ernsthaftes Thema für mich. Durch meine starken Ergebnisse im Vorjahr war ich zu den Qualifikationsrennen eingeladen, aus denen eine Rangliste errechnet wird. Das Ganze ist auf zwei Qualifikationsblöcke aufgeteilt und findet innerhalb von etwa vier Wochen statt. Im ersten Block wurde ich über 250 Meter Zehnter und über 2000 Meter Sechster. Nach einem Monat fährt man dann 500 und 1000 Meter in einem richtigen Rennmodus mit Vorlauf, Zwischenlauf und Endlauf. Über 1000 Meter wurde ich Achter und über 500 Meter sogar Sechster. Zusammen mit den anderen Ergebnissen landete ich am Ende auf Platz fünf der für die Nationalmannschaft entscheidenden Gesamtrangliste. Das war eine super Leistung, die eine Menge Leute überrascht hat. Die Sportschau hat danach einen Beitrag gemacht, in dem ich im Nationaltrikot zu sehen bin und stolz erkläre: «Ich bin froh, dass ich einen Adler auf der Brust trage.» Ich war unendlich glücklich, so was geschafft zu haben, denn ich hatte drei Jahre Tag und Nacht dafür gekämpft und es mir ehrlich verdient.

Ich war nicht nur der erste Iraner, sondern der erste Flüchtling überhaupt, der sich für die Nationalmannschaft qualifiziert hatte.

Natürlich gab es auch ein paar Konkurrenten, die nicht ganz glücklich darüber waren, dass da jetzt auch noch ein Flüchtling kommt und ins Nationalteam fährt. Schließlich war die nationale

Konkurrenz aus Deutschland schon stark genug, ohne dass man sich weitere von außen hätte holen müssen. Ich habe allerdings nie mit eigenen Ohren gehört, dass sich jemand beschwert hat, sondern nur über andere erfahren, dass es ein paar besorgte Kanuten gab. Offen angefeindet wurde ich nie. Ich kann ehrlich gesagt auch jeden verstehen, der sich geärgert hat. Ich weiß nicht, wie ich es gefunden hätte, wenn mir jemand aus Afghanistan meinen Platz im Nationalteam des Iran streitig gemacht hätte.

Hinzu kam wohl auch ein gewisser Neid, denn obwohl ich bislang weder bei einer WM noch bei Olympia etwas gewonnen hatte, war ich derjenige, über den die Medien ständig berichteten. Das lag einfach an meiner Geschichte, die durch meine Qualifikation für das Nationalteam noch interessanter wurde. Es war aber auch egal, denn ich konnte es ohnehin nicht ändern. Ich hatte es mir verdient, und deshalb war ich dabei. Letztendlich ist es Sport. Da sollten sich diejenigen durchsetzen, die besser sind. Es ist ein Wettkampf, den jeder annehmen sollte.

Das Wichtigste für mich war nun, diese Qualifikation zu rechtfertigen. Ich wollte allen, die an mir zweifelten, beweisen, dass sie unrecht hatten. Kurz nach der Qualifikation durfte ich Ende Mai im zweiten Weltcup der Saison ausgerechnet in Duisburg das Nationaltrikot mit dem Adler endlich das erste Mal bei einem internationalen Wettkampf tragen. Ein Debüt in der Nationalmannschaft ist schon aufregend, ein Heimdebüt aber noch viel mehr.

Gemeinsam mit Lukas Reuschenbach erreichte ich im K2 über 500 Meter relativ locker das Finale. Das Minimalziel war also bereits erreicht. Am Ende wurden wir sogar Sechste. Damit konnte ich bei meinem ersten Rennen auf so hohem Niveau zufrieden sein. Mit dem Iran hatte ich zwar auch ein paarmal den Endlauf erreicht, das war aber eher die Ausnahme gewesen. Im deutschen Team mit all seinen Weltmeistern und Olympiasiegern waren die Ansprüche deutlich höher, und man musste unbedingt abliefern, um nicht aussortiert zu werden.

Zwei Wochen später ging es für unser Team nach Belgrad zu den Europameisterschaften, wo ich im Einer über 500 Meter auf Platz 11 landete. Das war ein großartiges Ergebnis, aber bei Weitem nicht das Wichtigste bei dieser EM. Zum ersten Mal seit meiner Flucht 2015 sah ich hier nämlich meine Mutter wieder. Sie war gemeinsam mit meiner Schwester gekommen und machte diese Veranstaltung zu etwas ganz Außergewöhnlichem. Das Wiedersehen war unglaublich emotional und hat mich sehr berührt. Da kam vieles zusammen. Drei Jahre nach meiner Flucht und dem nächtlichen Abschied von zu Hause fuhr ich nun im deutschen Nationaltrikot, und meine Mama konnte mir dabei zuschauen.

Natürlich hat so ein Wiedersehen auch immer eine Schattenseite, denn irgendwann muss man wieder auseinandergehen, und das tut dann erneut sehr weh. Ich hatte allerdings nicht viel Zeit zum Traurigsein, denn mit den Weltmeisterschaften Ende August in Portugal stand der sportliche Saisonhöhepunkt erst noch bevor. Drei Jahre nach meinem letzten Rennen für den Iran in Mailand war ich wieder bei einer WM am Start und diesmal sogar mit echten Chancen auf den Endlauf. Gemeinsam mit Kostja Stroinski aus Berlin ging ich im Zweier über 500 Meter an den Start. Das war ein deutlich größeres und stärkeres Feld als in Duisburg, und wir mussten neben dem Vorlauf auch noch ein Halbfinale überstehen, um ins Finale der WM einzuziehen. Am Ende landeten wir auf Platz acht und konnten damit sehr zufrieden sein.

Ziemlich bitter dürfte mein Auftritt im Iran aufgenommen worden sein, denn durch meine Flucht war die iranische Mannschaft fürs Erste implodiert und in Portugal gar nicht mehr vertreten. Der einzige Iraner, der bei der WM am Start war, paddelte für Deutschland. Vielleicht war das auch der Grund dafür, dass ich 2019 und 2020 mehrfach vom iranischen Kanupräsidenten kontaktiert wurde. Der hat mich in dieser Zeit sicher fünfmal persönlich angerufen und mir ein Angebot gemacht. Alle Probleme seien erledigt, ich könne zurückkommen und bei der Asian-Qualifikation für die Olympischen Spiele fahren, die Quotenplätze holen und für den Iran bei den Olympischen Spielen in Japan starten. Sie wussten eben, wie schwer es für das übrige Team sein würde, sich für Tokio zu qualifizieren. Außerdem hatten sie im Iran gesehen, wie stark ich 2017 und 2018 gewesen bin, und gingen fest davon aus, dass ich mich qualifizieren würde. Das war aber nie ein Thema für mich, denn ich hatte eine neue Heimat, in der ich mich sehr angekommen fühlte. Außerdem bin ich niemand, der denjenigen, die ihm geholfen haben, den Rücken zukehrt. Wäre ich zurück in den Iran gegangen, hätte ich vor den Kameras schlecht über Deutschland reden müssen. So bin ich nicht. Ich weiß auch nicht, ob der Iranische Kanu-Verband wirklich geglaubt hat, dass ich wieder zurückkomme, oder ob sie einfach nur so verzweifelt waren und alles versucht haben wollten.

12. IM JOB

Wenn ich ehrlich bin, hatte ich bis zu dem Punkt noch nie richtig in meinem Leben gearbeitet. Während meiner Zeit im Iran war ich zum einen bei der Armee und zum anderen Sportler gewesen. Davon konnte man sehr gut leben, vorausgesetzt, man bekam den vereinbarten Lohn auch wirklich ausgezahlt. In Deutschland durfte ich bis zu meiner Anerkennung als Flüchtling nicht arbeiten. Als ich meine Papiere zusammenhatte, habe ich in Absprache mit Detlef entschieden, erst mal so weit Deutsch zu lernen, dass ich ohne Probleme eine richtige Ausbildung machen kann. Natürlich hatte ich durch den täglichen Gebrauch der Sprache mit meinen Teamkollegen bereits unheimlich viel gelernt, jedoch war es absolut sinnvoll, das Ganze zu vertiefen. Nach meinem Grundkurs hatte ich deshalb bereits 2017 einen zusätzlichen B2-Kurs besucht, mit dem man ein oberes Mittelstufenniveau erreicht und in der Lage ist, sich überall problemlos zu unterhalten. Das war für mich die Grundvoraussetzung für eine Ausbildung. Durch die Aufnahme in die Nationalmannschaft war klar, dass ich mit dem Beginn bis zum Ende der Saison warten würde.

Im Herbst 2018 habe ich schließlich beim Fitnessstudio Pfitzenmeier in Karlsruhe eine Ausbildung zum Sport- und Fitnessfachmann begonnen, in der die Trainingslehre mit einer kaufmännischen Ausbildung verbunden wird, sodass man später als abgeschlossener Fitnessfachmann entweder als Trainer oder im Büro arbeiten kann. Es tat mir gut zu wissen, dass auch die Förderer des Vereins, die Stadtwerke Karlsruhe, die PSD Bank und die CRONIMET, immer hinter mir standen und mich im Einzelnen unterstützt haben. Ich war mir sicher, dass sie mir auch bei einem Job geholfen hätten.

Da ich mein ganzes Leben immer gerne Sport gemacht habe, konnte ich mir die Ausbildung im Fitnessstudio und die spätere Arbeit als Trainer sehr gut vorstellen. Wir bekamen ein tolles Angebot, bei dem ich für alle Trainingslager und Wettkämpfe freigestellt war.

13. FRANZI

Eigentlich war jetzt alles perfekt. Ich hatte endlich eine eigene Wohnung, einen Beruf und war sogar Mitglied der deutschen Nationalmannschaft. Das Einzige, das mir jetzt noch fehlte, war eine Freundin. Ich hatte mir bei meiner Ankunft in Deutschland vorgenommen, mich erst um alles andere zu kümmern, bevor ich nach einer Frau schaue. Es fiel mir gar nicht so schwer, auf Sex und Gefühle zu verzichten, weil ich immer ein klares Ziel vor Augen hatte.

Ich habe zudem die ganze Zeit an meine Eltern gedacht, die meinetwegen einiges durchmachen mussten und denen ich Erfolg schuldete.

Ich habe mich gezwungen, erfolgreich zu werden. In dieser Phase hätte eine Frau nur gestört, weil ich ihr nie hätte gerecht werden können. Ende 2018 habe ich dann aber langsam versucht, Kontakt aufzunehmen. Das war allerdings gar nicht so einfach, weil ich zum einen nie der große Aufreißer und zum anderen auch ein wenig aus der Übung war.

Irgendwann Ende November stand eine Frau bei mir im Fitnessstudio, die mir sehr gut gefiel, und wollte einen Termin für ein Training ausmachen. Ich erinnere mich noch an die ersten Blicke, die wir uns zugeworfen haben. Das hatte von Anfang an etwas Magisches. Ich habe sie dann später bei Facebook gefunden und ihr eine Nachricht geschickt, aus der sich eine ganz nette Konversation ergab. Ihr Name war Franzi, und sie hatte einen witzigen Humor, den ich allerdings nicht gleich so richtig verstanden habe. Mein Deutsch war noch nicht so weit, dass ich zwischen den Zeilen lesen konnte. Als wir unsere Nummern austauschen wollten, hat sie irgendwas Zweideutiges gesagt, das ich vielleicht falsch verstanden habe. Ich glaube, es ging darum, dass ein Fitnessstudio nicht der schlechteste Ort ist, jemanden kennenzulernen, weil man gleich sieht, was man bekommt. Das hörte sich für mich aber total komisch an, und ich war wohl ein bisschen beleidigt. Ich habe ihr trotzdem meine Nummer gegeben und gesagt: «Wenn du willst, kannst du dich bei mir melden.»

Anschließend war erst mal sechs Wochen Funkstille, bis ich Mitte Januar eine WhatsApp von ihr bekam. Ich bin manchmal ein komischer Mensch. Ich wäre nie auf die Idee gekommen, mich selbst bei ihr zu melden. Völlig bescheuert, denn für mich war es Liebe auf den ersten Blick. Ich war 27 und bis dahin noch nie wirklich verliebt.

Franzi hatte mich auf Anhieb umgehauen und war meine erste große Liebe. Vielleicht lag es daran, dass ich so was aus dem Iran nicht kannte. Dort kann man nicht so offen mit Beziehungen umgehen wie in Deutschland und muss immer aufpassen, dass niemand außerhalb des eigenen Hauses etwas mitbekommt. Wenn man nicht miteinander verheiratet ist, ist alles furchtbar kompliziert. Nun hatte ich aber endlich ein eigenes Zuhause und musste niemanden fragen, ob ich jemanden mitbringen darf und was wir dort machen wollen.

Jetzt war mein Leben wirklich komplett. Zum ersten Mal passte alles zusammen und ich war ausnahmslos glücklich. Leider kann man Glück nicht für immer festhalten.

14. DER RISS

Als man mir 2016 gesagt hatte, dass ich keine Chance hätte, für das Refugee-Team in Rio zu starten, war das für mich ziemlich schnell abgehakt. Ich war gerade erst in Deutschland angekommen und hatte so viele andere Dinge zu erledigen. Doch spätestens mit dem Jahresbeginn 2019 kehrte der Traum von einem Start bei den Olympischen Spielen wieder zurück und war fast allgegenwärtig. Die Spiele waren nun bereits am Horizont zu sehen, denn wenn über Olympia gesprochen wurde, hieß es nun immer «nächstes Jahr». Dazu kam natürlich die Tatsache, dass ich zuletzt wirklich starke Leistungen gezeigt hatte und Mitglied der deutschen Nationalmannschaft geworden bin. Ich fuhr plötzlich mit der Weltspitze mit und war mir sicher, dass ich wirklich in der Lage wäre, an den Olympischen Spielen teilzunehmen. Doch die entscheidende Frage war, ob und für wen ich mich qualifizieren könnte. Der Iran war wie erwähnt kein Thema mehr für mich. Das wäre sicher der einfachste Weg gewesen, denn wenn sie mich bei meiner Rückkehr in die alte Heimat nicht ins Gefängnis gesteckt hätten, wäre ich für den dortigen Verband die große Hoffnung gewesen, das Team nach Japan zu bringen. Weil das für mich aber überhaupt nicht infrage kam, wollte ich am liebsten für mein neues Heimatland Deutschland an den Start gehen. Vorher galt es jedoch zwei Probleme zu lösen.

Zum einen durfte ich als anerkannter Flüchtling für Deutschland zwar bei internationalen Wettkämpfen starten, nicht aber bei Olympischen Spielen. Während Welt- und Europameisterschaften von der International Canoe Federation, kurz ICF, veranstaltet wurden, liefen die Olympischen Spiele über das IOC. Das verlangt für eine Teilnahme, dass der Athlet die Staatsbürgerschaft des Landes besitzt, für das er startet. Im besten Fall hätte es mit einer schnellen Einbürgerung irgendwie geklappt. Viel schwieriger hingegen würde es sein, sich überhaupt für das deutsche Olympiateam zu qualifizieren. Anders als bei einer WM, bei der das deutsche Kanu-Team aus bis zu 13 Sportlern besteht, würden in Japan nur höchstens sechs deutsche Männer an den Start gehen. Auf den ersten Blick schien das schwierig, aber ich hatte große Hoffnungen, da ich 2018 sehr gut im deutschen Team platziert war. Leider nimmt man das Vorjahresergebnis nicht mit in die nächste Qualifikation. Da fangen alle wieder bei null an und die Karten werden neu gemischt.

Statt wieder vorne mitzufahren, war ich bei der Ausscheidung 2019 auf einmal Letzter in der Rangliste. Damit war ich schneller aus der Nationalmannschaft raus, als ich in weniger als drei Jahren reingefahren war. Es gab eine Reihe von Gründen, die jeder für sich vielleicht nicht gereicht hätten, mich entscheidend zurückzuwerfen, zusammengenommen aber zu viel waren. Zum einen hatte ich angefangen, eine Ausbildung zu machen, und dadurch einen völlig neuen Lebensrhythmus. Ich hatte bis dahin noch nie in meinem Leben gearbeitet und mich immer nur um meinen Sport gekümmert. Jetzt musste ich morgens zur Berufsschule fahren, nebenbei arbeiten und trainieren. Zum anderen hatte ich nun zum ersten Mal in meinem Leben eine Freundin, mit der ich natürlich möglichst viel Zeit verbringen wollte. Es kann sein, dass die Regeneration und die nötige volle Konzentration durch diese Einflüsse etwas gelitten haben.

Es hat mich sehr geärgert, mich nicht qualifiziert zu haben, weil ich nicht habe abrufen können, was ich wirklich draufhatte. Gleichzeitig hat sich das Verhältnis zu den anderen im Team erheblich verändert. Das lag vielleicht daran, dass ich mittlerweile als echte Konkurrenz wahrgenommen wurde und einige froh waren, einen Rivalen weniger zu haben. Die schlechte Atmosphäre hat meine Trauer über mein Ausscheiden etwas gemildert.

Anfang 2019 bekamen wir einen Anruf der Stadt Karlsruhe. Ich habe nicht richtig verstanden, was sie wollten. Am nächsten Tag habe ich nochmals mit Detlef dort angerufen und wir haben einen Termin vor Ort ausgemacht. Als ich zum Amt geeilt bin, hat man mir erklärt, dass man wegen meines Talents im Hinblick auf Olympia bereit wäre, zu prüfen, ob man eine Ausnahme machen und ich bereits nach drei Jahren in Deutschland eingebürgert werden könnte. Das war absolut unglaublich, denn normalerweise kann man einen Antrag auf Einbürgerung erst stellen, wenn man bereits sieben oder acht Jahre in Deutschland lebt. Ich habe sofort alle Dokumente abgegeben und konnte mein Glück gar nicht fassen. Nach zwei oder drei Monaten bekam ich jedoch ziemlich nüchtern mitgeteilt, dass mein Antrag abgelehnt worden sei. Das konnte ich nicht verstehen, denn die Idee zur Einbürgerung war ja nicht von mir gekommen. «Warum ermutigt man mich erst dazu, den Antrag zu stellen, und macht mir Hoffnung und lässt mich dann so fallen?», fragte ich mich. In der schriftlichen Ablehnungsbegründung, die ich ein paar Tage später bekam, las ich, dass der DKV gegenüber der Behörde angegeben hatte, ich hätte keine Chance, mit der deutschen Nationalmannschaft zu den Olympischen Spielen nach Japan zu fahren. Das tat unheimlich weh, weil ich ja schon mal bewiesen hatte, dass ich mich für die Nationalmannschaft qualifizieren kann. Ich bin seit meiner Ankunft in Deutschland meinen Weg stetig weiter nach oben gegangen und hatte mich bis dahin konstant verbessert. Ich wusste selbst, dass meine Chancen, mit der Nationalmannschaft nach Tokio zu gehen, nach meinem Einbruch sehr gering waren. Nun zu lesen, dass der Verband keine Hoffnungen in mich setzte, war der Todesstoß für meine Einbürgerung. Ich konnte das einfach nicht verstehen. Ich war fertig mit der Nationalmannschaft. Heute weiß ich, dass es für so eine Einbürgerung sehr hohe Hürden gibt, und ich hätte wohl eher der Beste in Deutschland sein müssen, damit es für ein schnelles Verfahren gereicht hätte.

Vielleicht musste es so sein, denn immer, wenn sich irgendwo eine Tür schließt, geht woanders eine neue auf.

MEIN TRAUM VON OLYMPIA

1. HOFFNUNG REFUGEE-TEAM

Wenn man einen Traum hat, darf man ihn niemals aufgeben, selbst wenn sein Erreichen manchmal völlig aussichtslos erscheint. Vielleicht waren es die Tage auf der Flucht, die mir geholfen haben, härter zu werden und nicht gleich aufzugeben, selbst wenn es wenig Hoffnung gibt. Für mich war nach der Verweigerung der vorzeitigen deutschen Staatsbürgerschaft klar, dass mir nur noch ein Weg blieb, um zu den Olympischen Spielen fahren zu dürfen. Ich habe mir gesagt: «Okay, da ich weder Deutscher noch Iraner bin, muss ich ins Refugee-Team des IOC.»

Diesmal gab es, anders als 2016, als ich es schon mal versucht hatte, kein Zurück. Der erste Schritt für mich war, auf die Scholarship-Liste des IOC zu kommen. Nur wer auf dieser Liste steht, kann am Ende vom IOC-Präsidenten für eine Teilnahme an den Olympischen Spielen nominiert werden. Eine sichere Garantie für eine Teilnahme ist zwar auch das nicht, aber ein Hinweis darauf, dass man zu denjenigen gehört, die infrage kommen. Zuständig für die Nominierung ist der Deutsche Olympische Sportbund DOSB in Absprache mit dem jeweiligen Fachverband, also dem ICF. Als die Liste schließlich veröffentlicht wurde, war ich total geschockt, dass mein Name nicht draufstand.

Ich hatte 2018 eine starke Saison mit einer erfolgreichen WM-Teilnahme hinter mir und war längst offiziell anerkannter Flüchtling. Damit waren alle Voraussetzungen erfüllt, um in dieses Team aufgenommen zu werden. Ich habe einen befreundeten Journalisten angerufen, der versucht hat, herauszufinden, was das Problem ist.

Egal wen wir gefragt haben, es gab keine richtige Antwort. Wir hatten es sogar direkt über das IOC versucht und erfahren, dass es an der ICF liege. Der Welt-Kanu-Verband müsse erst mal eine neue Regel für Flüchtlinge schaffen, damit das IOC seine Position überdenken könne, so die Antwort aus Lausanne, dem Sitz des IOC.

Das Problem schien tatsächlich darin zu liegen, dass die ICF keine Regeln für Flüchtlinge hatte. Ich verstand nicht, warum man eine solche Regel nicht relativ schnell schaffen konnte, denn schließlich hatten es andere Sportfachverbände ja auch hinbekommen. Schwimmer, Leichtathleten und Judoka hatten die Vorgaben des IOC bereits kurz nach der Schaffung des Teams umgesetzt und insgesamt zehn Flüchtlinge aus dem Südsudan, Äthiopien, dem Kongo und Syrien zu den Spielen nach Rio geschickt. Keiner von ihnen hatte irgendwelche Endläufe erreicht oder gar Medaillen gewonnen, aber allein die Tatsache, dass Menschen, die alles aufgeben mussten, auf der größten Sportbühne der Welt auftreten durften, würde vielen der Millionen Flüchtlinge Hoffnung geben, was alles möglich ist.

Eigentlich war das doch genau das, was das IOC wollte. Die Weltfachverbände dieser Sportarten hatten alle blitzschnell Regeln für die Teilnahme von Flüchtlingen geschaffen, die es bei uns im Kanu sehr lange nicht gab.

Dieser Weg war für mich wieder einmal ein harter Kampf. Am Ende blieb bei mir das Gefühl, die ICF wolle nicht verhindern, dass geflüchtete Kanuten im Allgemeinen dort teilnehmen, sondern ich im Speziellen. Ich glaube nicht, dass das etwas mit meiner Person zu tun hatte, sondern mit dem Land, aus dem ich geflüchtet war. Dauernd führte ICF-Generalsekretär Simon Toulson irgendwelche anderen Gründe an, warum ich in Tokio nicht startberechtigt sei. Ich war nach jeder Nachricht der Verzweiflung nahe. Zum damaligen Zeitpunkt gab es keinen weiteren Flüchtling, der im Kanurennsport bei Olympia hätte starten können, und mir schien, dass sie die Regeln nur für mich nicht ändern werden.

Zu Beginn zweifelte der Verband vor allem meine sportliche Qualifikation an, bei Olympia seriös mitpaddeln zu können. Das war natürlich völlig an den Haaren herbeigezogen, denn schließlich hatte ich bei der WM 2018 im Endlauf gestanden. Aber sie nahmen meine Zeiten von den deutschen Meisterschaften 2016 und verglichen sie mit denen der olympischen Endläufe von Rio. Man weiß bei einem Outdoorsport wie Kanu allerdings, dass man Zeiten, zumal von zwei völlig verschiedenen Rennstrecken, nie miteinander vergleichen kann. Wellen und Wind sorgen dafür, dass wir jedes Mal mit anderen Problemen zu kämpfen haben. Laut des ICF-Vergleichs bin ich rund 20 Sekunden langsamer gewesen als der Letzte in Rio und damit für eine Teilnahme in Tokio überhaupt nicht geeignet.

Ich bin der Letzte, der dafür ist, dass ein Flüchtling, der noch nie eine Leistung auf diesem Niveau erbracht hat, an den Olympischen Spielen teilnehmen darf, nur weil er Flüchtling ist. Doch ich hatte immer wieder gezeigt, dass ich es wirklich kann. Es gab einfach Personen, die nicht wollten, dass ich dort starte. Ich weiß nicht, ob der Iran Druck bei der ICF ausgeübt hat, aber der Verdacht lag zumindest nahe. Natürlich wäre mein Start bei Olympia in Tokio eine noch größere Niederlage für sie gewesen, als wenn ich 2016 in Rio angetreten wäre. Schließlich war mir in den staatlichen Medien prophezeit worden, dass ich meinen Olympiatraum mit ins Grab nehmen würde. Folgerichtig musste alles getan werden, damit ich diesen Traum nicht lebe. Ich habe nie mit eigenen Augen gesehen, dass der Iran Druck ausübt, aber ich habe einfach zu viele Mails bekommen, die keinen Sinn ergaben. Wenn ein Generalsekretär vom Internationalen Kanu-Verband, der zu diesem Zeitpunkt seit 12 Jahren in dieser Funktion war, solch sinnlose Berechnungen über meine Zeiten anstellt, sagt mir das, dass er irgendwelche eigenartigen Gründe gehabt haben musste, so zu handeln.

Sportlich lief es 2019 aber trotz der schwachen Ausscheidung für die Nationalmannschaft im weiteren Saisonverlauf ganz ordentlich, auch wenn ich jetzt wieder ausschließlich auf nationale Wettkämpfe beschränkt war. Bei den deutschen Meisterschaften in Brandenburg schaffte ich es fast überall in die Endläufe und landete sowohl im Vierer über 1000 Meter als auch im Zweier über 200 Meter jeweils auf dem dritten Platz. Das war angesichts des ganzen Theaters, das ich in diesem Jahr mitmachen musste, nicht schlecht und ein Beleg dafür, dass ich sportlich durchaus auf einem Niveau unterwegs war, mit dem ich mich bei Olympia trotz anderslautender Behauptungen der ICF nicht hätte schämen müssen.

Gegen Ende der Saison hatte ich schließlich genug und begann, mich über die Presse zu wehren. Das ging allerdings erst einmal recht schleppend los und beschränkte sich vor allem auf regionale Zeitungen. Ich wollte so viel Lärm machen wie möglich, damit das IOC mitbekommt, was los ist. Die Zeit bis zu den Olympischen Spielen wurde immer kürzer, und ich war noch weit davon entfernt, mir meinen olympischen Traum erfüllen zu dürfen.

2. CORONA SEI DANK

Zu Beginn des Jahres 2020 wurde die Welt aus dem Nichts von einem Virus überrascht, der alles veränderte. In den ersten drei Monaten des Jahres waren wir alle noch davon ausgegangen, dass die Eröffnungsfeier der Spiele in Tokio wie geplant am 24. Juli 2020 stattfinden würde.

Mitte März hatte die Pandemie die Welt aber so sehr in den Griff bekommen, dass die Veranstalter am 24. März 2020 in Absprache mit dem IOC entschieden, die Spiele um ein Jahr zu verschieben. Das war zum einen natürlich enttäuschend, weil sich jeder Sportler darauf gefreut hatte, es gab mir aber andererseits neue Hoffnung, doch noch den Sprung ins Refugee-Team schaffen zu können. Bei der ICF hatte sich weiterhin nichts bewegt, sodass es immer noch keine Regelung des Verbands im Umgang mit Geflüchteten gab, obwohl immer mehr Verbände in anderen Sportarten ihrerseits längst den Weg frei gemacht hatten. Ich war trotzdem nicht bereit aufzugeben und wollte mit allem kämpfen, was ich hatte. Es ging schließlich um meinen großen Traum.

Ich habe immer klar kommuniziert, dass ich bis zur letzten Sekunde um mein Recht kämpfen werde. Wenn jemand zu mir kommt und sagt: «Ey, Saeid, du bringst keine gute Leistung, du bist raus», verstehe ich das. Doch so war es eben nicht. Der ICF ist ständig etwas Neues eingefallen, um zu erklären, warum ich in Tokio nichts zu suchen habe. In einer Mail der ICF an den ARD-Journalisten Peter Wozny, der an einer Geschichte über das Refugee-Team des IOC arbeitete, schrieb der Generalsekretär zum Beispiel im März 2020: «Unsere Nachforschungen [...]

haben uns zu der Schlussfolgerung geführt, dass Saeid den Iran nach der Teilnahme an einem internationalen Wettbewerb aus freien Stücken verlassen hat, um in Deutschland zu leben.»[1] Wie konnte der Mann so etwas behaupten, wo mich die Bundesrepublik Deutschland offiziell als Flüchtling anerkannt hatte? Woher wusste dieser Mann besser Bescheid als die Leute beim BAMF, die all meine Angaben geprüft hatten? Transparenz Fehlanzeige. Die gleichen Verbände, die lange verhindert hatten, dass ich eine Startfreigabe bekomme, und aus deren Kreis immer wieder zu hören war, dass ich meinen olympischen Traum mit ins Grab nehmen würde, sollten nun also entscheiden, ob ich ein Flüchtling bin oder nicht. Das nächste Mal hieß es, ich sei gar nicht über die Balkanroute gekommen, sondern mit dem Flugzeug nach Deutschland eingereist, oder alternativ, ich hätte mich bei einem Wettkampf von der Mannschaft abgesetzt und sei aus freien Stücken in Deutschland geblieben. Dauernd wurden neue Lügen über mich verbreitet, die bewusst durch den Iranischen Kanu-Verband gestreut wurden. Es gibt viele Bilder, die meine Erlebnisse belegen und die ich dem Richter in Karlsruhe vorgelegt habe. Und doch durfte irgendein Funktionär solche Behauptungen aufstellen und hatte damit Erfolg.

Was ist das für eine Welt?

Darauf angesprochen erklärte die ICF, ihre Quellen für meine Fluchtroute seien meine Kollegen aus der Nationalmannschaft. Ich glaube eher, dass diese Lügen aus dem Iran stammen. Der Aussage über meine Flucht trat später auch Olympiasieger Ronald Rauhe in der ARD massiv entgegen. Er bezweifelte die Angaben des Weltverbands, denn «man habe sich persönlich ken-

1 Quelle: ARD-Sportschau vom 27. September 2020.

nengelernt», so Rauhe über mich und meine Glaubwürdigkeit. Das war wirklich ein schmutziger Kampf, auf den ich überhaupt keinen Einfluss hatte und der jeden Tag ein bisschen aussichtsloser erschien. Auch privat war es eine sehr schwere Zeit, unter der unsere Beziehung sehr zu leiden hatte. Ich saß abends oft erschöpft zu Hause auf dem Sofa und musste mich von Franzi aufbauen lassen, während ich mich umgekehrt überhaupt nicht mit ihren Problemen befassen konnte. Das war für unsere Beziehung überhaupt nicht gut.

Jeden Morgen hatte ich Angst davor, welche Steine man mir wohl heute in den Weg legen würde.

Bewegung kam erst in den ganzen Fall, als sich Peter Wozny, der für das Investigativ-Team von Hajo Seppelt arbeitet, im Juni bei meinem Team meldete. Im Rahmen der Recherchen für seinen Film über das Refugee-Team war er auf mich gestoßen und hatte erste Anfragen an die ICF gestellt. Diese Journalisten verfügen über großartige Verbindungen und sind unter anderem auf Sportpolitik spezialisiert.

Ich war gerade mit meiner Mannschaft im Trainingslager in Portugal, als mich unsere Pressesprecherin Martina anrief und mir von Wozny und seinem Film erzählte. Ich hatte die Hoffnung niemals aufgegeben, aber dass sich alles so dramatisch zu meinen Gunsten verändert, hätte ich nicht erwartet. Peter gehört zu der Sorte Journalisten, die man im Iran nicht so gerne mag, weil sie unbequeme Fragen stellen.

Er ist nach meiner Rückkehr aus Portugal zu mir nach Karlsruhe gekommen, um mich von seiner Idee zu überzeugen. Bereits nach wenigen Minuten war mir klar, dass wir diese Geschichte unbedingt machen müssen. Er hat lange mit mir gedreht, anschließend mit DOSB-Präsident Alfons Hörmann und dem deutschen ICF-Vizepräsidenten und Präsident des Deutschen Kanu-Verbandes Thomas Konietzko. Außerdem hat er Interviews mit Sportjuristen, Athleten und vielen anderen Personen geführt und ist mit mir sogar nach Spanien gereist, um sich mit Hadi über unsere Flucht zu unterhalten.

Am Ende entstand eine im September ausgestrahlte zehnminütige Dokumentation in Zusammenarbeit mit dem englischen IOC-Insider Nick Butler, die alles veränderte. Noch Mitte August hatte der Generalsekretär der ICF gegenüber Wozny erklärt, warum ich nicht ins Refugee-Team des IOC gehöre. Nach all den Aussagen über meine Flucht und meinen Status versuchte er es nun mit einer neuen Taktik und schrieb in einer Mail: «Er hat Deutschland nun auf internationaler Ebene vollumfänglich vertreten. Dies bedeutet, dass er nach den Statuten der ICF ein sportliches Heimatland hat.»[2]

Damit zielte die ICF darauf ab, dass ich für Deutschland bereits in der Nationalmannschaft gestartet war und somit keine Person mehr sei, die einen Anspruch auf einen Platz im Refugee-Team hätte. Schließlich könne ich mich ja über die deutsche Nationalmannschaft für die Olympischen Spiele qualifizieren. Letzteres war völliger Unsinn, denn dafür hätte mich die Bundesrepublik Deutschland einbürgern müssen, was zu diesem Zeitpunkt überhaupt nicht zur Diskussion stand. Man sollte meinen, dass der Generalsekretär der ICF seine Regeln so gut kennt, dass er weiß, was die Voraussetzungen für eine Olympiateilnahme sind. Bei Europa- und Weltmeisterschaften kann man auch ohne Staatsbürgerschaft für ein Land antreten, bei Olympia geht das hingegen nicht.

---

2 Quelle: ARD-Sportschau vom 27. September 2020.

Die Aussagen der ICF standen zudem auch im Widerspruch zum Fall der ebenfalls aus dem Iran geflüchteten Dina Pouryounes, die für die Niederlande im Taekwondo sehr wohl ohne Probleme sowohl in der Nationalmannschaft starten durfte als auch in das Scholarship-Programm des IOC für Tokio aufgenommen worden war. Das war aber nur möglich, weil der Taekwondo-Verband frühzeitig Regeln für Flüchtlinge geschaffen hatte. Wenn ich ehrlich bin, hätte ich mir mehr Unterstützung durch das IOC gewünscht. Schließlich war es ihr Refugee-Team, um das es ging. In meiner Verzweiflung hatte ich sogar einen Brief an IOC-Präsident Thomas Bach geschrieben, der leider unbeantwortet blieb. In Lausanne war man weiterhin der Meinung, dass die Umsetzung und Schaffung der Regularien für das Refugee-Team ausschließlich bei den Verbänden läge. Das war eine Haltung, die sich auch durch meinen Fall nicht änderte. Noch Ende August, wenige Tage vor der Ausstrahlung der ARD-Reportage, hatte das IOC gegenüber der Sportschau erklärt: «Der Grund, warum Herr Fazloula im Moment [...] nicht infrage kommt, ist die fehlende Unterstützung des Internationalen Kanu-Verbandes. Sollte die ICF ihre Haltung zu Herrn Fazloula ändern, wäre das IOC natürlich bereit, seine Position zu überdenken.» Damit hatte man das Problem in Lausanne aufgrund der fehlenden ICF-Regeln dem Kanu-Verband wieder zurück auf den Tisch gelegt. Ich habe mich in der Zeit immer wieder gefragt, warum das IOC nicht seine eigenen Regeln für sein Refugee-Team erstellt und dazu den rechtlichen Flüchtlingsstatus des aufnehmenden Landes zugrunde legt.

Weil Ende August immer noch nicht erkennbar war, dass die ICF ihre Regularien zu meinen Gunsten ändern würde, ruhte meine ganze Hoffnung nun auf der Ausstrahlung des Films in der Sportschau. Eine Hoffnung, die sich schneller erfüllte, als wir alle erwartet hatten, denn bereits am Tag, nachdem der Film gesendet wurde, bekamen wir einen Anruf vom ICF-Vizepräsidenten Thomas Konietzko, der sich zum Zeitpunkt der Ausstrahlung auf einer Verbandssitzung in Ungarn befand. Bis dahin hatte sich Konietzko, der mich in seiner Funktion als Präsident des Deutschen Kanu-Verbandes sehr gut kannte, weitestgehend öffentlich zurückgehalten und auf eine Konfrontation mit dem Generalsekretär des Verbands verzichtet. Etwas, das sich durch den Beitrag in der Sportschau nun völlig änderte. Auf einmal war die ICF, die sich ein paar Tage zuvor noch dagegen gewehrt hatte, bereit, Regeln für Flüchtlinge zu schaffen, die zunächst ausschließlich mir zugutekommen würden.

Konietzko flog am nächsten Tag von Ungarn nach Deutschland und sagte gegenüber der ARD den Satz, auf den ich so lange gewartet hatte: «Wir wollen jetzt den Start von Saeid ermöglichen!»

In diesem Moment brachen bei mir alle Dämme und ich musste vor Freude erst mal so richtig heulen. Ich war sowohl glücklich für mich als auch für alle anderen Flüchtlinge, für die der Weg nun frei wäre. Ich hatte mit meinem langen Kampf am Ende etwas Gutes für alle getan.

Damit war ich nun zwar noch längst nicht bei Olympia, durfte aber darauf hoffen, dass das IOC mich zeitnah in sein Stipendien-Programm für Flüchtlinge aufnimmt. Nur dann würde ich zum Perspektivteam für die Olympischen Spiele in Tokio gehören, aus denen später diejenigen ausgewählt werden würden, die wirklich an den Start gehen dürfen. Olympische Spiele, die ich zu diesem Zeitpunkt ohne eine pandemiebedingte Verschiebung eigentlich längst verpasst hätte. Wenn ich ganz ehrlich bin, hätte ich ohne Corona nie eine Chance gehabt, in Tokio zu starten.

3. ALLZEIT BEREIT

Das Schwierige an meiner Situation war, dass ich im Jahr 2020 so viele Baustellen gleichzeitig hatte. Neben dem Streit mit der ICF musste ich mich weiter auf meine Ausbildung als Fitnesskaufmann konzentrieren und vor allem trainieren. Mir war es wichtig, jederzeit bereit zu sein, meine Leistungsfähigkeit zu beweisen. Dadurch hatte ich ständig sehr lange und harte Tage, die bereits morgens um 5 Uhr begannen. Noch vor Sonnenaufgang bin ich zum Training und anschließend gleich zur Arbeit gegangen. Während der Hochphase der Pandemie im März gab es ein paar Tage, an denen wir nicht trainieren durften, weil es uns von der Wasserschutzpolizei verboten worden war. Das war schon komisch, denn in einem K1-Boot sitzt man alleine und fährt irgendwo draußen auf dem Wasser herum, auf dem man viel Platz hat. Wir bekamen dann auch relativ schnell eine Sondergenehmigung für Sport an der frischen Luft. Das war alles etwas komplizierter als unter normalen Umständen, aber nicht weiter dramatisch. Statt im Bootshaus mussten wir uns jeder für sich im Auto umziehen und die Boote draußen lagern. Ich hätte ohnehin jedes Hindernis auf mich genommen, weil ich zeigen wollte, dass ich bereit für die Olympischen Spiele bin. Trotz aller Absagen war ich top vorbereitet.

Obwohl ich nicht mehr zur Nationalmannschaft gehörte, hatte ich sportlich einige Fortschritte gemacht. Je länger ich mit den Rheinbrüdern trainieren durfte, desto besser gelang es mir, meine Emotionen im Boot zu kontrollieren. Die konnten gut, aber eben auch sehr schlecht sein. Wie auch sonst im Leben.

Man kann mich im positiven wie auch im negativen Sinne sehr schnell scharfmachen. Im positiven Sinne fahre ich dann richtig gut, im negativen Sinne kacke ich total ab.

Zu Beginn meiner Zeit in Deutschland wollte ich am Anfang eines Rennens oft zu viel, begann viel zu intensiv und brach hintenraus manchmal böse ein. In den letzten Jahren habe ich das besser unter Kontrolle und gehe meine Rennen etwas langsamer an. Das gibt mir die Möglichkeit, am Ende, an dem mir früher manchmal die Luft ausgegangen ist, noch mal zuzulegen. Meine Trainer haben mittlerweile ganz gut erkannt, wie sie mich steuern können. Manchmal müssen sie mir nur sagen, dass ich etwas nicht schaffe, wenn sie mich dazu bringen wollen, es noch härter zu versuchen.

Meine Leistungsfähigkeit hatte nach dem eher schwachen Jahr 2019 im potenziellen Olympiajahr 2020 trotz der Mehrfachbelastung aus Job, Training und Ärger wieder deutlich zugenommen, und ich fuhr bei den wenigen Rennen, die wir trotz Corona machen durften, sehr gute Ergebnisse ein. Das war mir auch persönlich wichtig, um der ICF zu zeigen, dass ich sportlich absolut geeignet bin, bei Olympia zu starten. Bei den deutschen Meisterschaften in Duisburg gab es 2020 nur Rennen im K1. Wegen der Pandemie hatte man darauf verzichtet, mehrere Paddler in ein Boot zu setzen. Das war für mich aber in Ordnung, denn bei den Olympischen Spielen würde ich aller Voraussicht nach sowieso nur im Einer starten. Außer mir gab es zu diesem Zeitpunkt im August 2020 einfach noch keinen anderen Flüchtling, der sich sportlich für Olympia qualifizieren könnte. Deshalb war klar, dass ich bei Olympia nur im Einer starte, wenn mein Kampf gegen die ICF jemals erfolgreich sein würde. Während ich über die olympischen 200 Meter nicht am Start war, gelangen mir

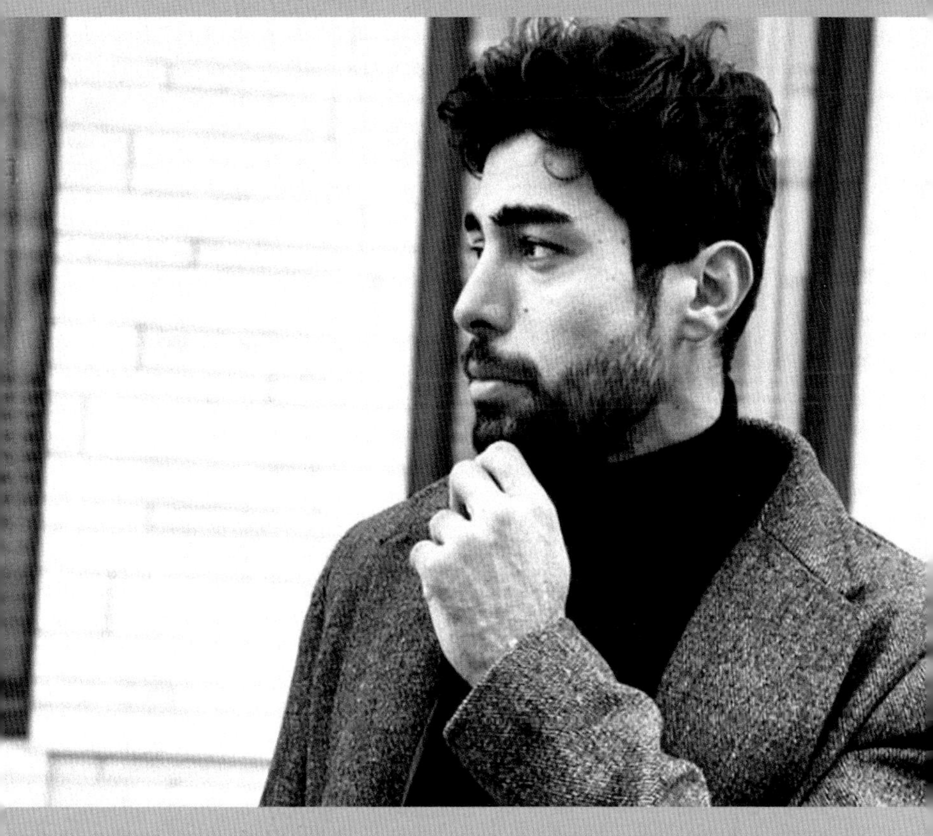

In meinem Leben ist nicht alles nach Plan verlaufen. Im Nachhinein kann ich für die Wendungen, die es teils aufgrund glücklicher Fügungen, teils aus Zufall und zum Teil durch meinen starken Willen genommen hat, nur unendlich dankbar sein.

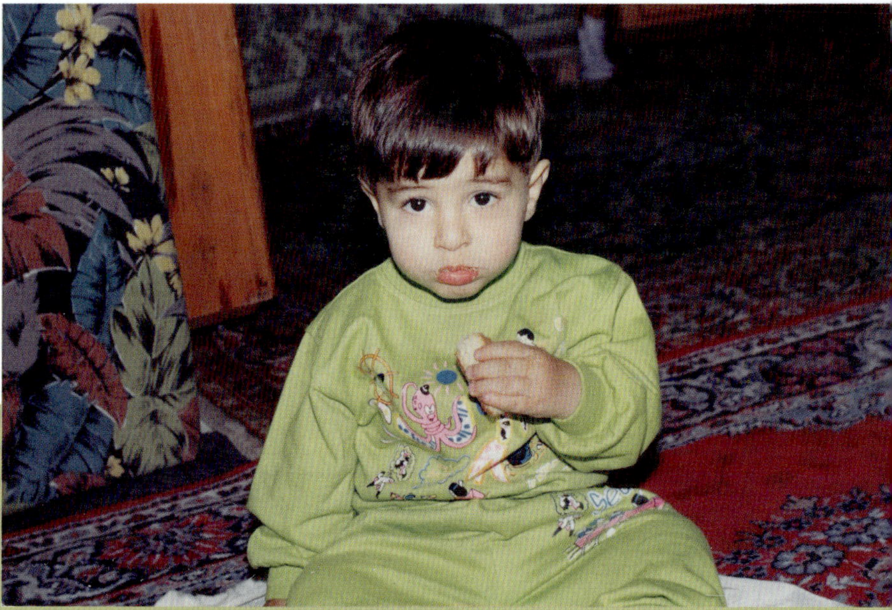

Als kleiner Junge in meiner iranischen Heimatstadt Bandar Anzali am Kaspischen Meer, in der ich 1992 geboren wurde.

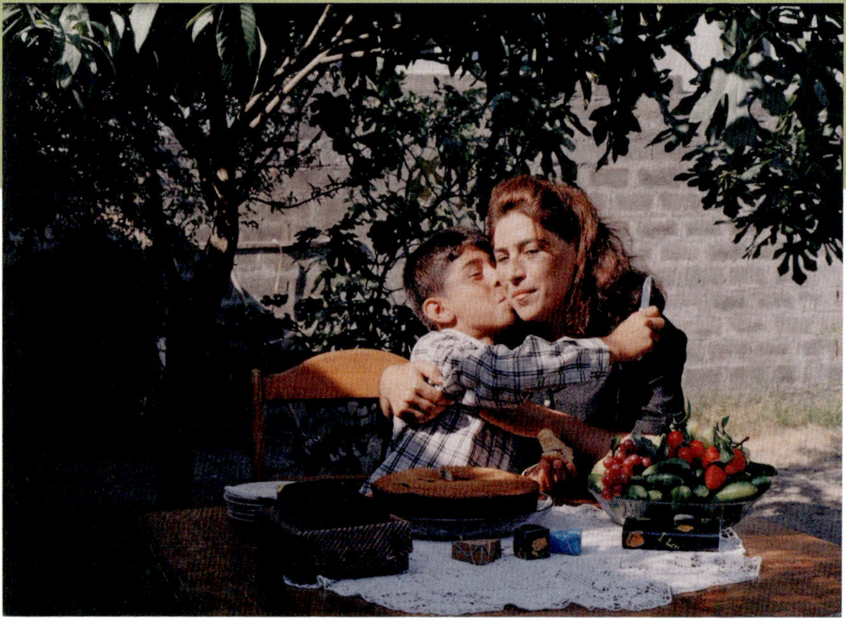

Meine Mama und ich.

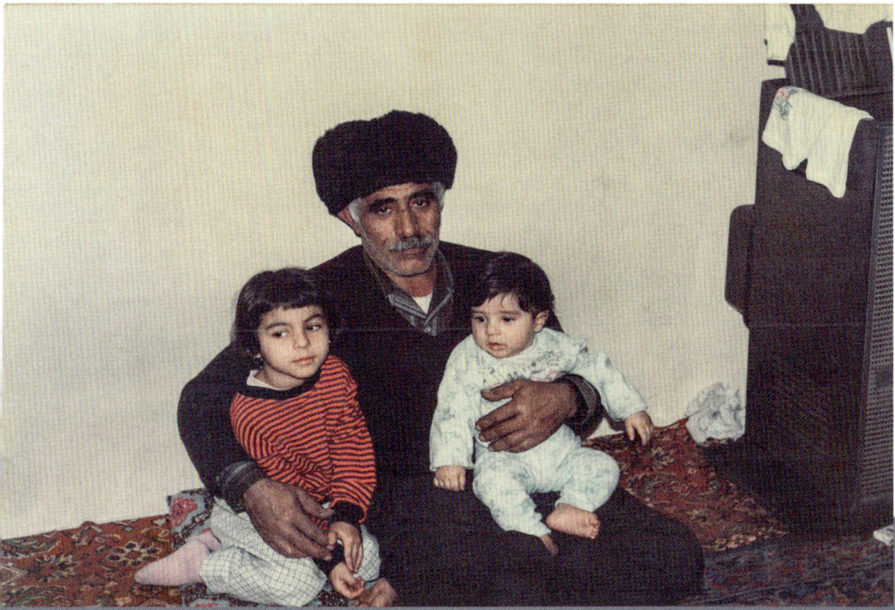

Mein Großvater mit meiner Schwester (links) und mir.

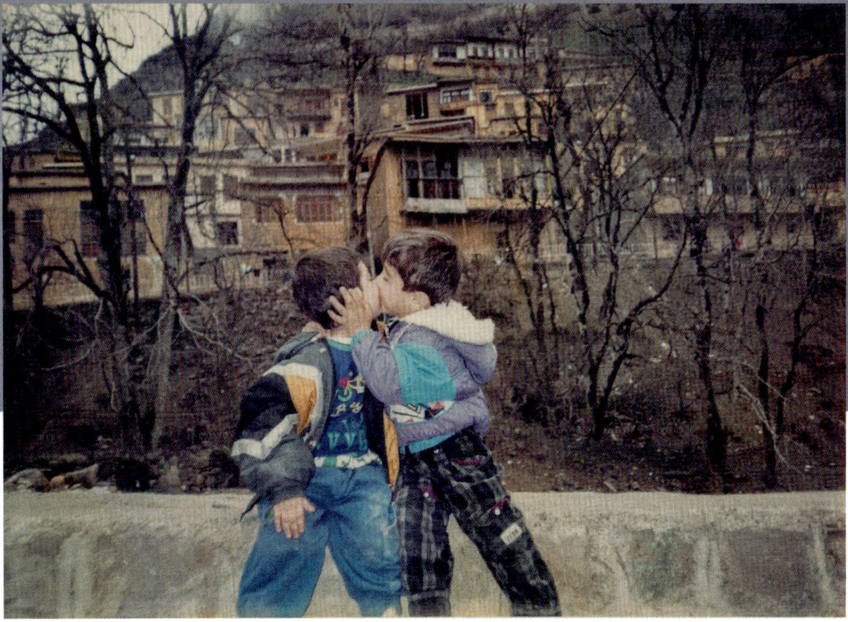

Ein Cousin und ich machen Quatsch.

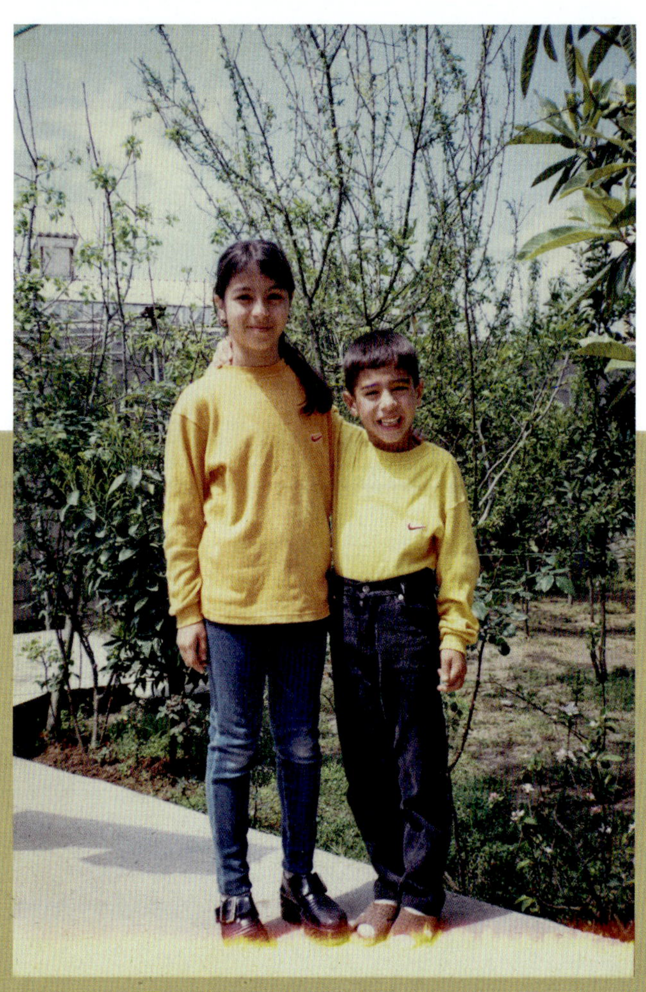

Meine drei Jahre ältere Schwester Sahar
und ich in Bandar Anzali.

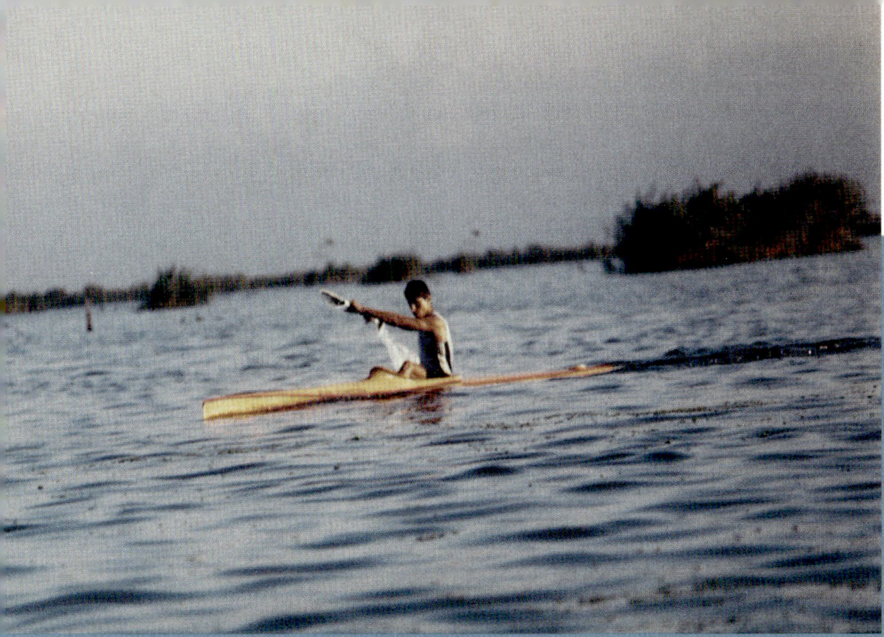

Ich auf meinem liebsten Element.

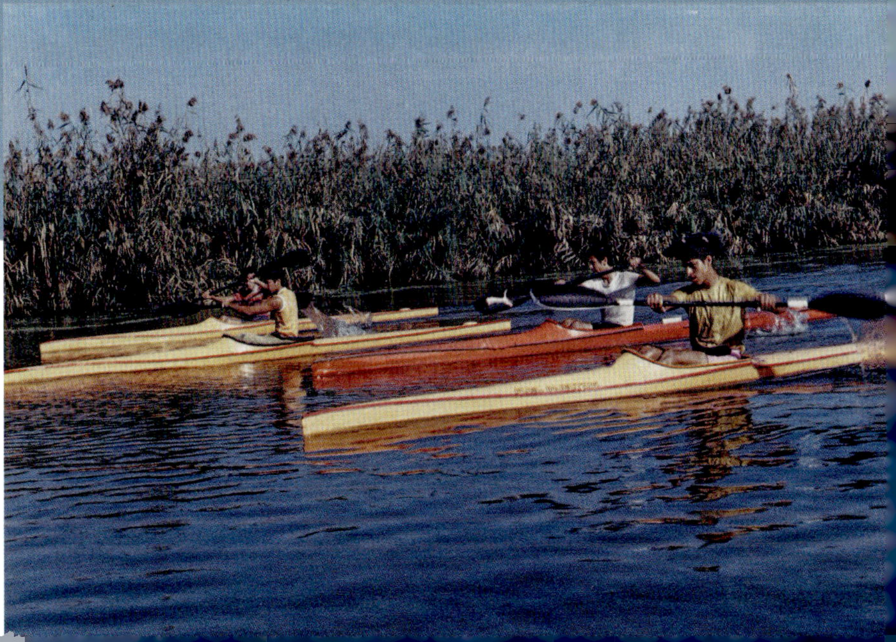

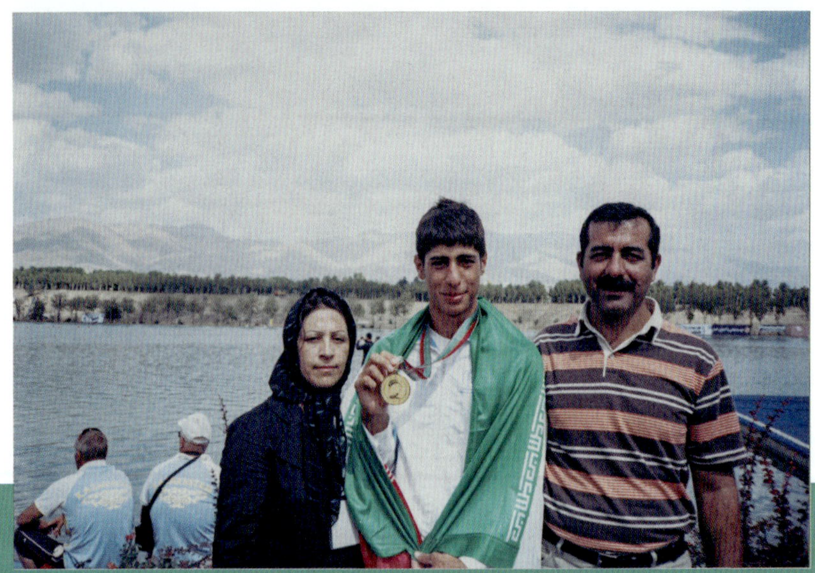

2009 wurde ich bei der Junioren-WM, die in diesem Jahr im Iran stattfand, Junioren-Asienmeister. Meine Eltern und ich haben uns sehr gefreut.

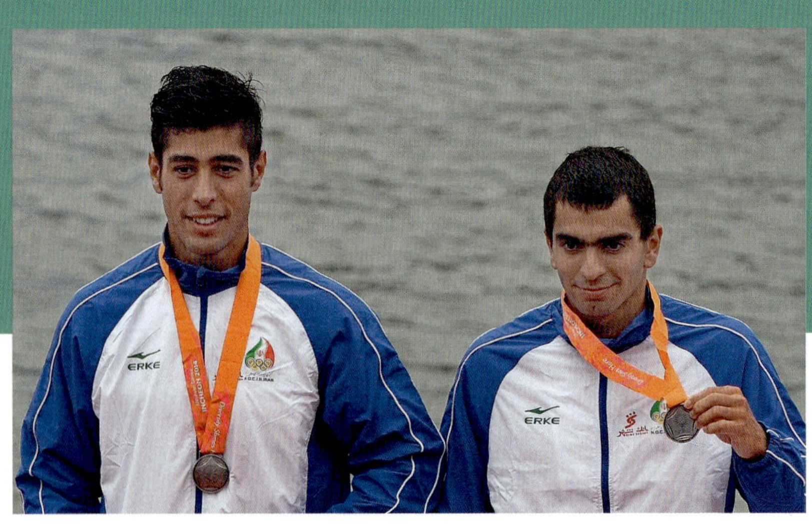

2014 gewann ich bei den Asienmeisterschaften in Incheon, Südkorea, zusammen mit Ali Aghamirzaei die Silbermedaille im K2.

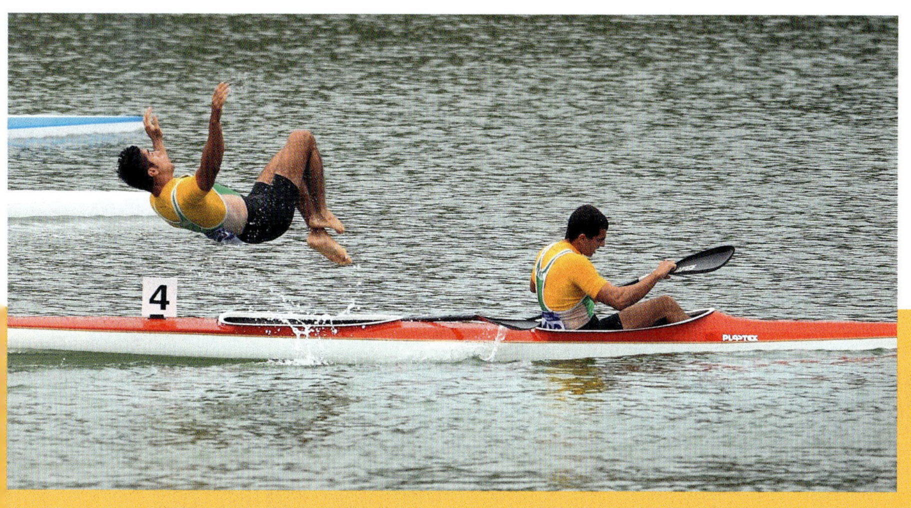

Direkt nach der Zieldurchfahrt unseres 1000-Meter-Silbermedaillen-Rennens machte ich vor unbändiger Freude einen Rückwärtssalto aus unserem Boot.

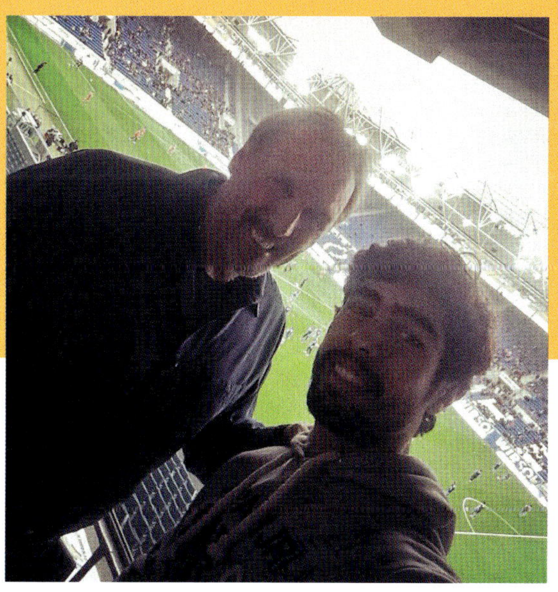

Mit Kanu- und Trainer-Legende Detlef Hofmann bei einem Bundesligaspiel im Jahr 2015. Ihm habe ich wahnsinnig viel zu verdanken. Mein Neubeginn in Deutschland wäre ohne ihn sicher ganz anders verlaufen.

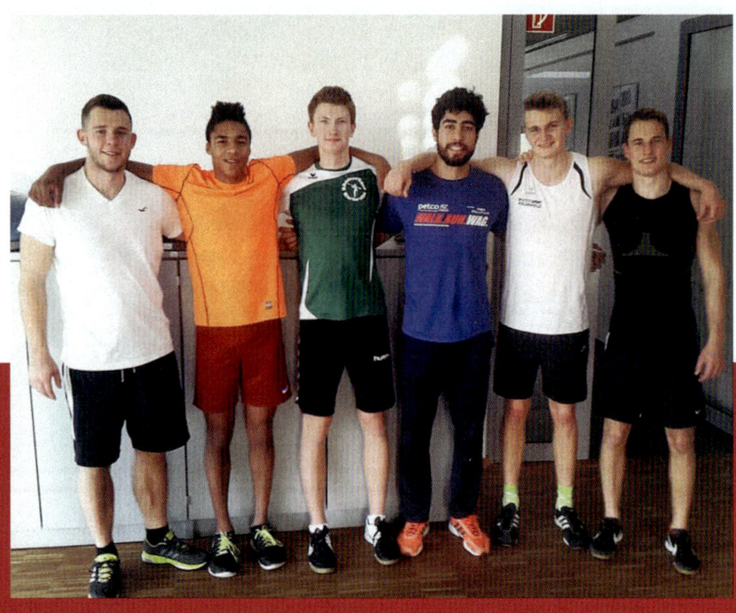

Neustart mit den besten Jungs 2015 in Karlsruhe.

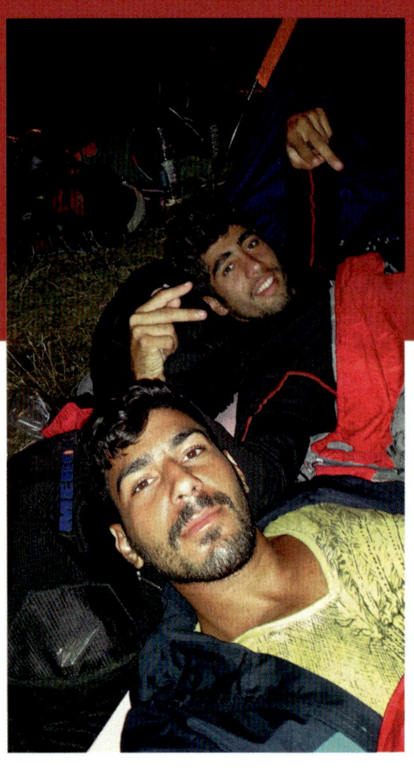

Auf meinem Weg nach Deutschland, mit Hadi in Griechenland.

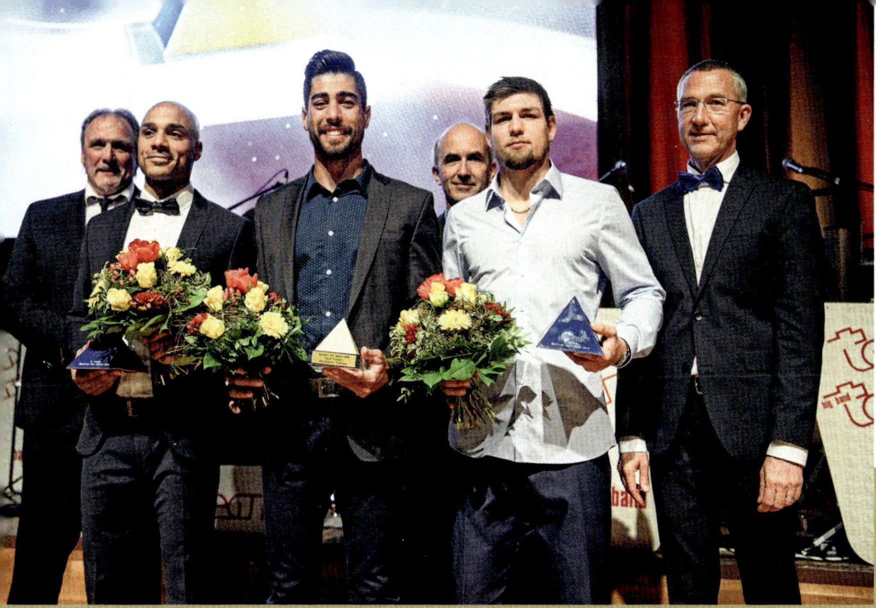

2018 bekomme ich in Karlsruhe die Goldene Pyramide für den Sportler des Jahres verliehen. Ein sehr emotionaler Moment.

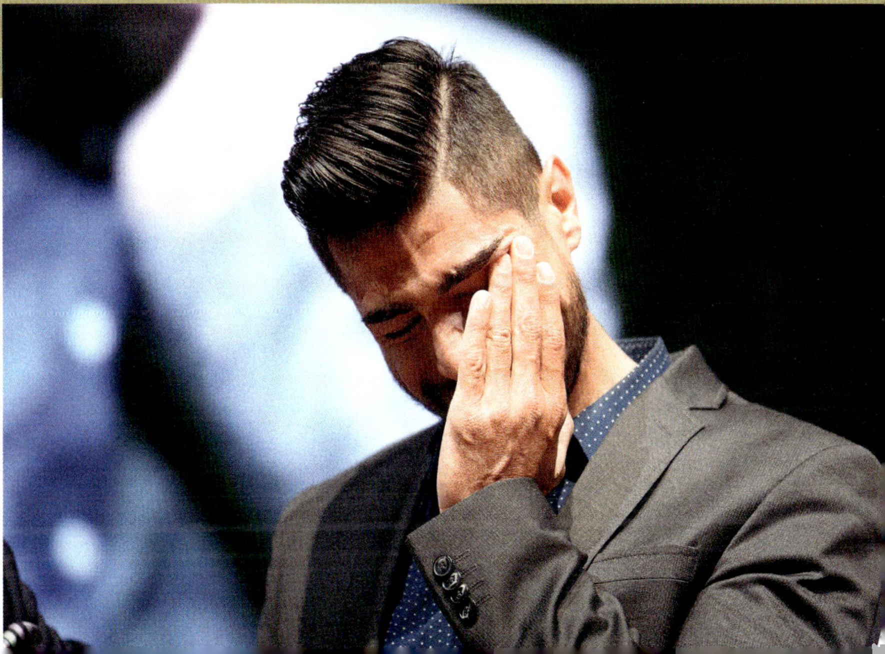

2020 bekomme ich diese schöne Auszeichnung noch einmal, nachdem ich ins Refugee Olympic Team aufgenommen worden bin. Im Zuge der Preisverleihung gab es ein Fotoshooting vor der Pyramide auf dem Marktplatz in Karlsruhe.

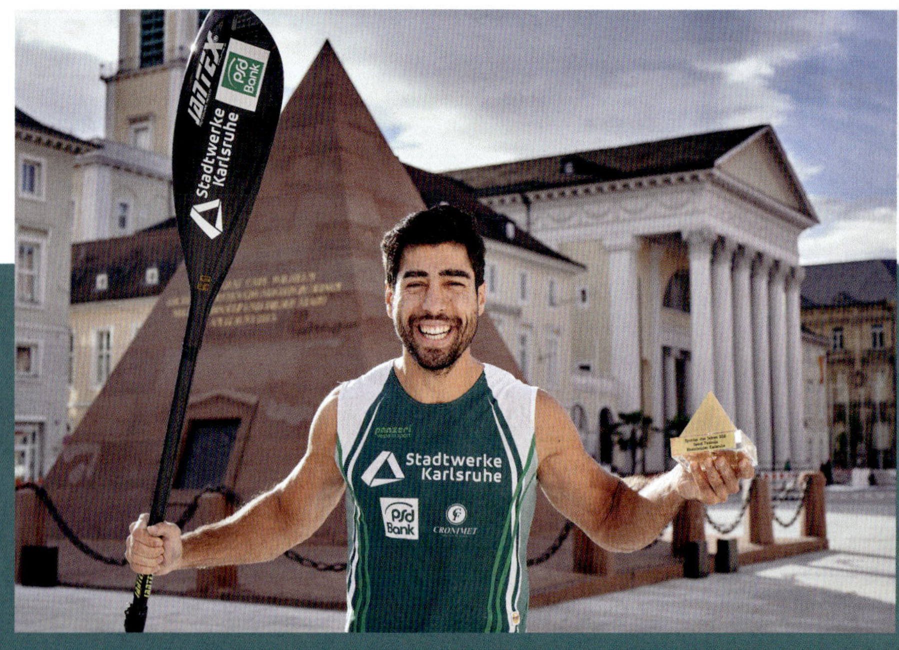

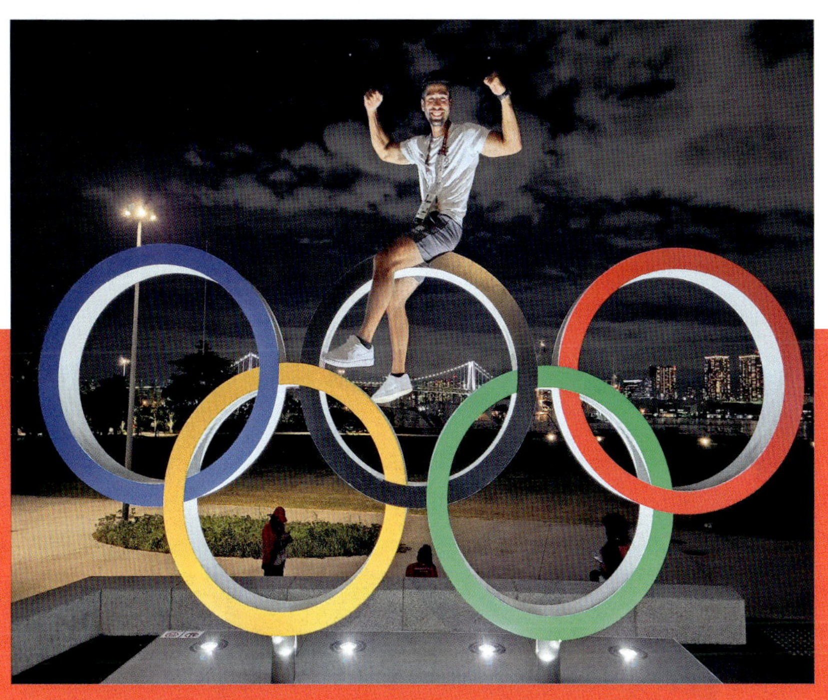

Der Höhepunkt meiner sportlichen Laufbahn, Tokio 2021. Ich posiere auf den olympischen Ringen.

Mein Olympia-Ausweis – ein Lebenstraum ist wahr geworden!

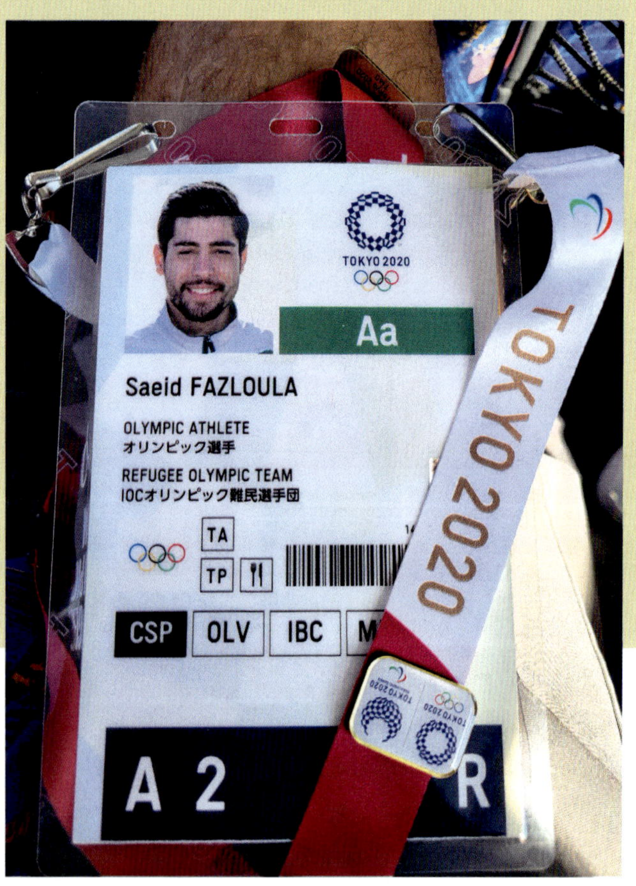

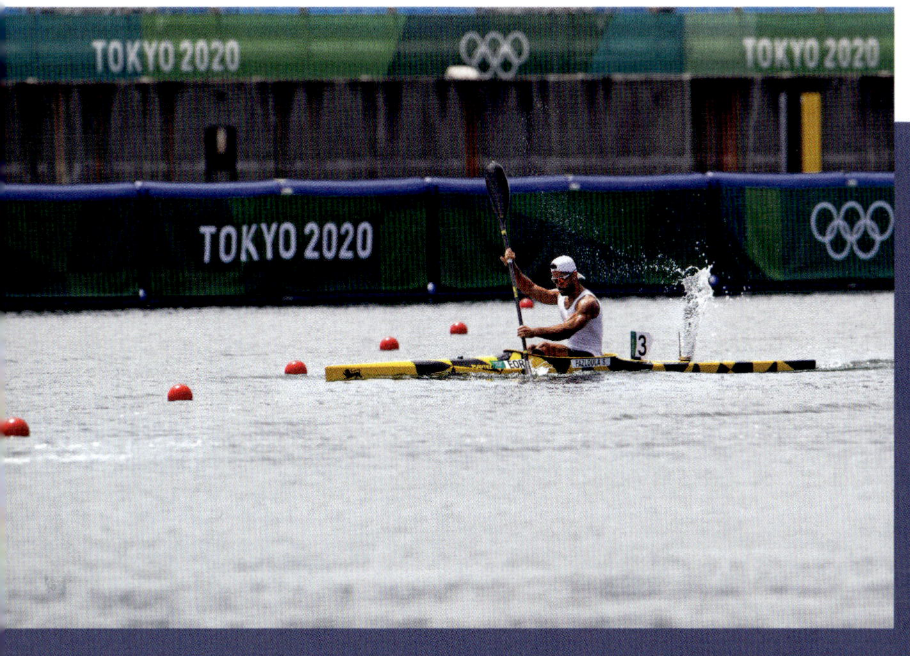

Im Kajak-Einzel über 1000-Meter-Kanusprint bei den Olympischen Spielen in Tokio.

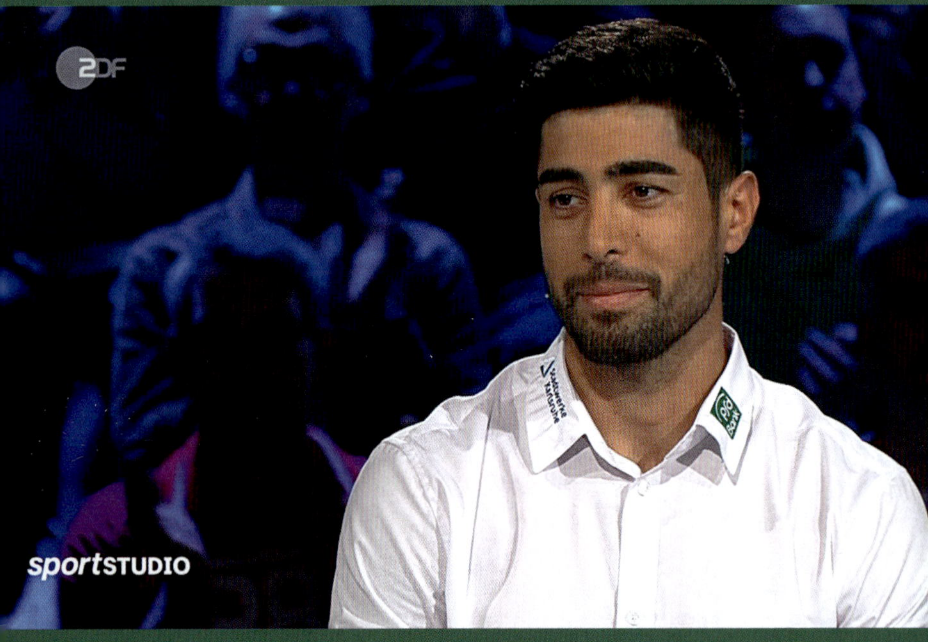

2022 wurde ich ins aktuelle Sportstudio eingeladen, wo ich über die Proteste in meinem Heimatland und meine sportliche Karriere sprechen durfte.

Meine Eltern und ich auf dem Geburtstag meiner Mutter, an dem ich nach acht Jahren endlich wieder teilnehmen konnte.

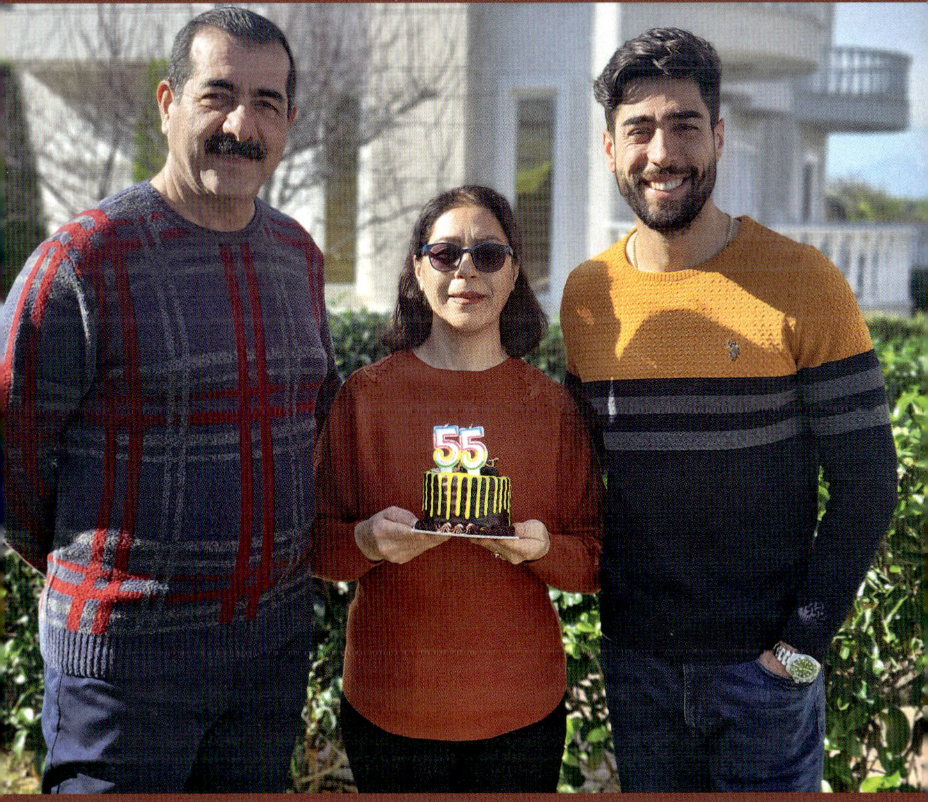

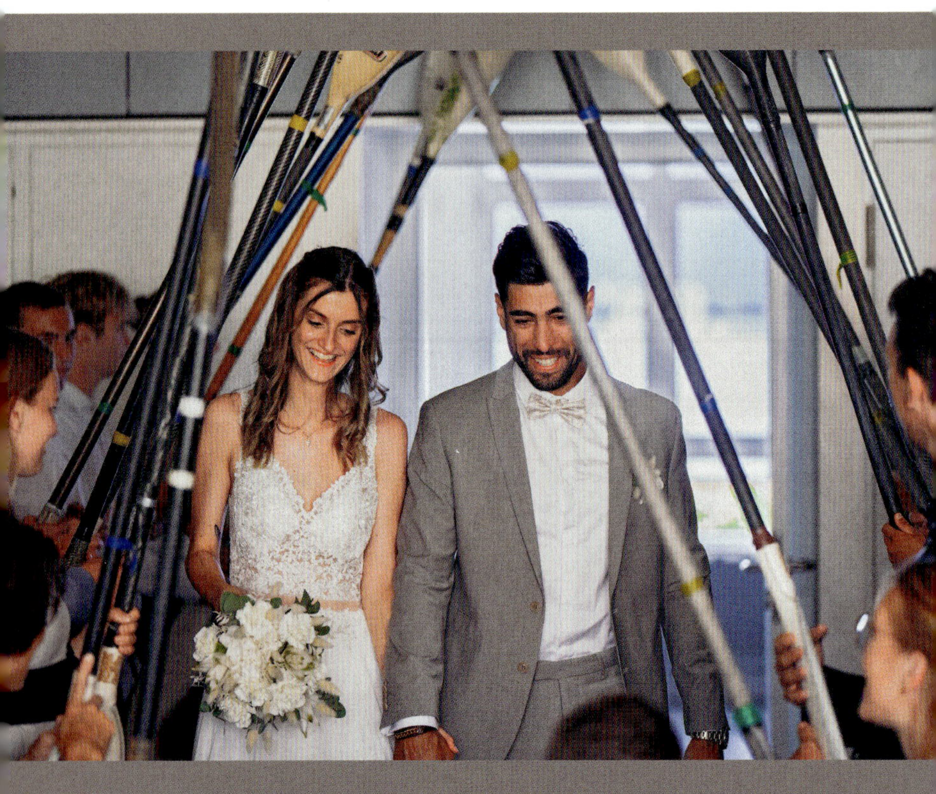

Im Sommer 2023 habe ich meine große Liebe Jenni geheiratet. Im selben Jahr kam unser Sohn Tiam zur Welt.

über die ebenfalls relevanten 1000 Meter drei richtig gute Läufe und ich landete als Gewinner des B-Finales auf dem zehnten Platz. Das war ein sehr gutes Ergebnis, denn wegen des Ausfalls der Olympischen Spiele war dort die komplette deutsche Elite am Start.

Damit war meine Saison 2020 zu Ende, denn für die WM war ich nicht gemeldet. Aus der deutschen Nationalmannschaft war ich längst raus, und die ICF war zu diesem Zeitpunkt noch weit davon entfernt, mich unter ihrer Fahne starten zu lassen. Für mich ging es von da an erst mal nur noch darum, mich fit zu halten, falls mein Kampf um Tokio jemals erfolgreich sein würde.

4. DIE LISTE

Mit der Entscheidung der ICF, nun doch Regeln für Flüchtlinge zu schaffen, war mein Ziel, nun endlich ins Scholarship-Programm des IOC aufgenommen zu werden, zum Greifen nah. Trotzdem dauerte der Prozess dann noch eine ganze Weile. Das IOC ist ein riesiger Verein und arbeitet ungefähr so bürokratisch wie eine deutsche Behörde. Nachdem die ICF die Regeln geändert hatte, musste ich mich beim IOC bewerben. Das geht alles einen formellen Weg und dauert deshalb manchmal ein bisschen länger. Natürlich wäre es mir lieber gewesen, ich stehe stante pede auf dieser IOC-Liste, doch erneut war meine Geduld gefragt.

Als im Januar die neue Scholarship-Liste rauskam, wurde ich schier wahnsinnig, als mein Name wieder nicht draufstand. Ich hatte Angst, dass mir die Zeit wegläuft, denn bis zu den verschobenen Olympischen Spielen in Tokio waren es nur noch sieben Monate und die Nominierung würde spätestens im Juni stattfinden. Es gab nun zwar die neue Regel, aber ich wusste nicht, was ich tun musste und welche Schritte nun genau folgen würden. Ich habe dann Max Hartung, den damaligen Präsidenten von «Athleten Deutschland e.V.», angerufen und gefragt, wie es jetzt weitergeht. Dieser Verein vertritt unabhängig die Interessen deutscher Kaderathleten und hat für mich das IOC kontaktiert. Dort hieß es, dass die Liste der Scholarship-Holder-Athleten immer wieder erneuert werde.

Im Februar war es endlich so weit, und mein Name stand rückwirkend zum Januar genau dort, wo ich ihn mir schon so lange gewünscht hatte. Nun fehlte nur noch die finale Nominierung durch das IOC zu meinem endgültigen Glück, die für den 9. Juni 2021 angekündigt war. Dafür war wichtig, in der Zwischenzeit meine sportlichen Hausaufgaben zu machen. Wenn ich im Frühjahr auf dem Wasser nicht abliefern würde, wäre mein Name auf der Scholarship-Liste nichts wert. Man hatte mir gesagt, dass etwa 30 Sportler auf eine finale Liste der möglichen Tokio-Fahrer kommen, aus denen dann das endgültige Team nominiert wird.

Sportlich lief anschließend alles nach Plan. Beim ersten Weltcup in Ungarn, der als Olympiaqualifikation galt und deshalb extrem stark besetzt war, fuhr ich im Einer über die olympische 1000-Meter-Strecke nicht nur ins C-Finale, sondern gewann es auch noch. Ich wurde am Ende Neunzehnter. Damit hatte ich es mir und allen anderen bewiesen. Und aus meiner Sicht gab es nun überhaupt keine Gründe mehr für das IOC, mich am Ende nicht für Tokio zu nominieren. Trotzdem blieb bei mir bis zur Bekanntgabe ein flaues Gefühl im Magen. Ich hatte in den letzten Jahren schon zu oft Dinge erlebt, die ich nie für möglich gehalten hatte, und beschloss daher, nicht zu euphorisch zu sein, damit die Fallhöhe nicht zu groß wäre.

5. NOMINIERUNG

Obwohl die finale Nominierung durch den IOC-Präsidenten erst für den 9. Juni angekündigt war, begann das große Zittern schon am Tag zuvor. Ich wurde informiert, dass ich an diesem Tag von Gonzalo Barrio, dem Projektmanager des Refugee-Teams beim IOC, erfahren würde, ob ich es von einer vorläufigen Liste mit recht vielen Namen auf die finale deutlich reduzierte Liste geschafft hatte, aus denen das Team dann letztendlich nominiert werden würde. Ich kann niemandem sagen, wie erleichtert ich war, als der Anruf tatsächlich kam. Damit war ich nun nur noch einen winzig kleinen Schritt von meinem Ticket für Tokio entfernt. Eine endgültige Garantie, wirklich dabei zu sein, war das trotzdem noch nicht.

Die Nacht vor dem großen Tag war trotz einer hohen Wahrscheinlichkeit, zum Team zu gehören, extrem schwierig für mich. Ich war irrsinnig nervös und konnte kaum schlafen. Ich hätte es nicht ertragen, noch einmal unmittelbar vor einem Ziel zu scheitern. Zu hart war mein Kampf gewesen und zu viel hatte ich geopfert. Um die Zeit bis zur Bekanntgabe um 13 Uhr nicht zu lang werden zu lassen, bin ich am Morgen erst mal joggen gegangen und habe versucht, mir den Kopf frei zu laufen. Ich überlegte, ob noch etwas schiefgehen könnte, denn schließlich war ich der einzige Kanute, der auf dieser Liste stand. Wenn das IOC also wollte, dass das Refugee-Team in Tokio im Kanusport vertreten ist, gab es keinen Weg an mir vorbei. Ich wusste, dass wir um kurz vor 13 Uhr vor dem Laptop sitzen sollten. Wegen

Corona hatte das IOC darauf verzichtet, die Nominierung in einer großen Veranstaltung an seinem Sitz zu verkünden, und stattdessen zu einer Videokonferenz eingeladen.

Alle, die noch im Rennen waren und sich Hoffnungen auf Tokio machen durften, wurden über Zoom zusammengeschaltet und warteten darauf, dass es endlich losgeht. Ich hatte mich mit allen, die mir in dieser schwierigen Zeit geholfen haben, bei uns im Verein versammelt, um diesen großen Moment gemeinsam zu erleben oder im schlimmsten Fall getröstet zu werden.

Zusammen mit Detlef, Franzi, ihrem Papa, meinem Trainer Ralf und noch ein paar anderen, die unfassbar hart mit mir gekämpft hatten, saß ich im Fitnessraum in unserem Stützpunkt und konnte nicht erwarten, dass es endlich 13 Uhr wird. Als es losging, hatten alle einen dicken Kloß im Hals. Zu Beginn der weltweiten Übertragung auf dem Olympic Channel lief ein hochemotionales Video, das zeigte, wofür Olympia steht, verbunden mit wunderschönen Impressionen des Gastgeberlandes. Es gab Bilder von großen Stars wie Usain Bolt, lachenden Siegern, weinenden Verlierern, Athleten in Anzügen bei Zeremonien und ganz viele Eindrücke von Japan, dem Fackellauf und den Sportstätten, die auf diejenigen warten würden, die das Glück haben sollten, Ende Juli dabei zu sein. Wer dabei keine Gänsehaut bekam, konnte mit Sport wohl generell nichts anfangen.

Als dann nach dem Film eine schwarze Grafik mit den Worten «Announcement Ceremony – IOC Refugee Olympic Team Tokyo 2020» erschien, wurde mir noch einmal klar, was dieser Moment für mich bedeuten könnte. Gleichzeitig war mir bewusst, dass ich diesen Moment niemals erlebt hätte, wenn «Tokyo 2020» pünktlich stattgefunden hätte. Nach einem Videoflug über das Olympic House, dem IOC-Hauptquartier, stand endlich Thomas

Bach lächelnd neben einem Moderator vor einem großen Bildschirm. Auf ihm war zu erkennen, wie etwa 30 Athleten auf vielen einzelnen kleinen Kacheln versuchten, ihre Anspannung wegzulächeln. Den einen gelang das besser, mir etwas schlechter. Wer mich kannte, konnte ziemlich genau sehen, wie nervös ich in diesem Moment war. Doch bevor Thomas Bach endlich beginnen durfte, gab es noch ein weiteres Video, das sich auf dramatische Art mit dem Thema Flucht befasste.

Da waren nur die Beine einer Person zu sehen, die quer durch Explosionen und Schüsse hindurch mit einer einzigen Tasche auf dem Rücken flieht. Zu Fuß, mit der Bahn, in kleinen Booten übers Meer. Das erinnerte mich daran, dass ich genauso aus meinem alten in ein neues Leben geflüchtet war, nur dass auf mich zum Glück niemand geschossen hatte. Zum Ende des Films war zu sehen, wie die Beine in modernen Sportschuhen immer schneller laufen und schließlich in einem großen Stadion auf der Laufbahn rennen. Dazu gab es die klare Botschaft, für was diese Menschen und dieses Team stehen sollten: «They've seen the worst in the world, now they are here to be the best.»

Doch auch danach ging das lange Warten noch weiter. Bevor Thomas Bach die Namen der Tokiofahrer nennen würde, wollte er erst noch einmal erzählen, wie diese Idee im Herbst 2015 geboren wurde. Anschließend wurde sogar noch ein dritter Film mit Impressionen des Flüchtlingsteams aus Rio gezeigt. Damals, 2016, war das alles zu kurzfristig für mich gewesen, und ich konnte letztendlich damit leben, dass ich in Rio nicht dabei gewesen bin. Schließlich war es für mich 2016 erst einmal darum gegangen, in meiner neuen Heimat richtig anzukommen. Das war nun aber anders. Nach all der Vorarbeit war der Druck unendlich groß, nicht doch noch auf der Zielgeraden zu scheitern.

Gleich würde ich erfahren, ob ich die Kriterien erfüllte, nach denen das IOC-Exekutivkomitee die Athleten nominiert hatte. Neben dem Flüchtlingsstatus ging es auch um die sportlichen Leistungen und den persönlichen Hintergrund. Die Warterei machte mich langsam so wahnsinnig, dass ich am liebsten rausgerannt wäre. Doch auch als endlich losging, war weiter Geduld gefragt. Nominiert wurde nicht alphabetisch, sondern nach Sportarten, während meine Hände immer mehr zitterten und mir am Körper der Schweiß runterlief.

Los ging es mit zwei Schwimmern, danach kamen sieben Leichtathleten sowie die Sportarten Badminton und Boxen. Während manche der nominierten Athleten ziemlich cool waren und wenig Emotionen zeigten, konnte man anderen ansehen, wie sehr sie dieser Moment trotz aller Vorbereitung emotional mitnahm. Es war ein Moment, den ich schon ein paarmal erlebt hatte. In meinen Träumen hatte ich bereits immer wieder gesehen, wie Thomas Bach einen Zettel mit meinem Namen in eine Kamera hält und «Saeid Fazloula» sagt. Doch in der Realität lief es anders. Das hier war real. In dem Moment, als Thomas Bach endlich auf Englisch «Canoe» sagte, brachen bei mir alle Dämme. Da ich der einzige Kanute im Scholarship-Programm war, wusste ich sofort, dass ich es geschafft hatte.

Als die Regie vom lächelnden Thomas Bach zu mir in unseren Fitnessraum nach Karlsruhe umschaltete, sah man, wie ich mich im weißen T-Shirt immer wieder nach vorne beugte, lachte, schrie und meine Arme hochriss. Wäre ich in diesem Augenblick Weltmeister geworden, wäre der Jubel nicht ausgelassener gewesen. Ich wäre am liebsten aufgesprungen und hätte jeden, der bei mir im Raum saß, umarmt, musste aber vor der Kamera sitzen bleiben. Nach etwa sechs Minuten war das Team komplett, und der IOC-Präsident sagte den Satz, den ich niemals in meinem Leben vergessen werde und der mir vor laufender Kamera sofort die Tränen in die Augen trieb: «Congratulations, you are the IOC-Olympics Refugee Team Tokyo 2020!»

Jetzt war es offiziell. Thomas Bach, der Präsident des IOC, hatte meinen Namen wirklich gesagt und mich höchstpersönlich nach Tokio eingeladen. Vorher würde sich das ganze Team zum Kennenlernen in Katar treffen. Als die Übertragung zu Ende war, fielen wir uns alle in die Arme. Man konnte jedem die Erleichterung ansehen. Zwei Jahre hatten wir zusammen gekämpft. Ich bin mir absolut bewusst, dass ich das allein niemals geschafft hätte.

Die Reaktionen in Deutschland waren insgesamt sehr positiv. Viele Journalisten kontaktierten mich gleich im Anschluss und gratulierten mir. Jeder, der sich mit dieser Geschichte befasst hatte, wusste, wie schwierig der Weg gewesen war. Die Freude im Iran dürfte hingegen nicht ganz so groß gewesen sein. Ich habe später erfahren, dass der iranische Kanupräsident zu meinem ehemaligen Zweier-Partner gesagt haben soll, er brauche nichts von ihm, außer dass er mich in Tokio schlägt. Meine Eltern haben sich hingegen sehr für mich gefreut und auch ein paar Tränen vergossen. Letztendlich war aber gar nicht viel Zeit, den Erfolg zu genießen, denn es gab bis zum Beginn der Olympischen Spiele noch eine Menge zu tun.

6. CORONA IN DOHA

Unmittelbar nach der Verkündung durch Thomas Bach bekam ich eine Mail mit vielen Informationen. Da hieß es unter anderem, dass wir uns, wie von Bach in der Zeremonie angekündigt, 11 Tage vor der Eröffnungsfeier mit dem ganzen Team zu einem Vorbereitungscamp in Doha treffen würden. Alle Flüchtlinge, die in Tokio dabei wären, sollten nach Katar kommen, sich bei einem Get-together kennenlernen, ein Medientraining absolvieren und im Detail auf alles vorbereitet werden, was in Tokio auf sie warten würde. Nach zwei Tagen sollten wir dann weiter nach Tokio fliegen, um uns dort auf unsere Wettkämpfe vorzubereiten. Das war alles ziemlich gut organisiert, sodass ich mich in den vier Wochen zwischen der Nominierung und der Abreise nach Katar in erster Linie auf mich und mein Training konzentrieren konnte. Das IOC hatte sich gemeinsam mit dem Nationalen Olympischen Komitee Deutschlands unter anderem um alle Visumsangelegenheiten gekümmert, was bei Menschen mit einem Flüchtlingsstatus nicht immer ganz einfach ist.

Das fühlte sich fast wieder an wie einige Jahre zuvor bei den Asian Games. Auch im Iran war alles immer perfekt vorbereitet gewesen und wir mussten uns im Vorfeld großer Sportevents nie um etwas kümmern.

Am 12. Juli bin ich dann schließlich von Frankfurt nach Doha geflogen und konnte immer noch nicht richtig glauben, dass es jetzt wirklich losgeht. Bei meiner Vorgeschichte rechnete ich eigentlich immer damit, dass jemand anruft und sagt: «Saeid, du kannst nicht fliegen, es gibt da ein Problem.» Doch weil dieser

Anruf nie kam, saß ich am Ende tatsächlich im Flugzeug und war dankbar, als die Tür geschlossen wurde. Unser Treffpunkt in Katar war im Torch-Hotel, einem riesigen Turm, der von überall zu sehen ist und der aussieht wie eine riesige Fackel. Dieses Hotel ist purer Luxus und liegt auf dem Gelände der Aspire Academy. Dort hat sich das Emirat eine Sportschule gebaut, wie es auf der Welt wahrscheinlich keine zweite gibt. Im Winter, wenn es in Europa kalt und in der Wüste nicht so heiß ist, trainieren dort viele berühmte Fußballclubs wie der FC Bayern München. Als wir dort Anfang Juli ankamen, erwarteten uns allerdings Tagestemperaturen von fast 50 Grad. Das war jedoch kein großes Problem, weil wir nur zwei Tage dortbleiben und uns bis zur Abreise sowieso meistens im Hotel aufhalten sollten. Trainingseinheiten draußen waren nicht geplant.

Es war wunderbar und aufregend, endlich die anderen Team-Mitglieder zu treffen. Die meisten von uns hatten sich das erste Mal bei der Videokonferenz zur Nominierung gesehen und noch nie miteinander gesprochen. Das Refugee-Team bestand letztendlich aus 29 Sportlerinnen und Sportlern, der Iran stellte mit fünf Athleten die zweitgrößte Gruppe. Nur Syrien hatte mit neun Sportlern noch mehr Athleten im Team, darunter auch die Schwimmerin Yusra Mardini, die bereits 2016 in Rio dabei war. Sie war auf einer sehr ähnlichen Route wie ich nach Deutschland gekommen, hatte aber bei der Überfahrt von der Türkei nach Lesbos weitaus größere Schwierigkeiten als ich. Auch bei ihr versagte der Motor an dem überfüllten Boot, ging aber anders als bei mir trotz aller Versuche nicht mehr an. Yusra sprang daraufhin mit ihrer Schwester, die mit ihr vor dem Krieg aus Syrien geflüchtet war, ins Wasser und schleppte das Boot mit ihrer eigenen Kraft bis nach Griechenland. Das Ganze passierte

Mitte August 2015, also etwa vier Wochen, bevor ich aus dem Iran fliehen musste. Mit Yusra, aber auch mit allen anderen verstand ich mich von Anfang an großartig. Die Stimmung im Team war hervorragend, auch wenn es unter den teils sehr strengen Corona-Auflagen manchmal gar nicht so einfach war. Eine unserer wichtigsten Pflichten war, jeden Morgen noch vor dem Frühstück einen Corona-Test zu machen. Das hing vor allem mit den strengen Vorschriften der Japaner zusammen, die innerhalb Japans heftig dafür kritisiert worden waren, mitten in der Coronakrise Tausende Fremde ins Land zu holen, während der eigenen Bevölkerung vieles verboten war.

Die Tage in Doha bis zu unserer geplanten Abreise vergingen schnell, denn wir hatten ständig irgendwas zu tun. Absoluter Höhepunkt war die Einkleidung. Neben dem Wettkampf und der Eröffnungsfeier gibt es für einen Sportler bei den Olympischen Spielen eigentlich nicht viel Schöneres als den Moment, in dem er seine Teamkleidung erhält. Ich habe es schon immer geliebt, wenn ich vor großen Wettkämpfen wie den Asian Games oder zu Saisonbeginn neue Kleidung bekommen habe. Leider gab es erst mal keinen Koffer mit den olympischen Ringen drauf, denn den sollten wir erst in Tokio bekommen. Das war schade, denn für mich hatte das immer etwas Verbindendes, wenn die Sportler einer Mannschaft von oben bis unten inklusive Gepäck irgendwo gemeinsam auftreten. Da konnte jeder sofort sehen: Die gehören zusammen. Dafür gab es jede Menge T-Shirts, kurze Hosen, lange Hosen, Socken, Schuhe und sogar einen Anzug für die Eröffnungsfeier, den wir aber erst in Tokio bekommen würden.

Schließlich waren wir nicht irgendein Team, sondern die offizielle Mannschaft des Internationalen Olympischen Komitees.

Unsere Shirts waren weiß und wurden mit dunkelblauen oder grauen Sporthosen bzw. Shorts kombiniert. Das Besondere war der Aufdruck «Refugee Olympic Team, Tokyo 2020». Es hat mich unglaublich stolz gemacht, diese Sachen das erste Mal anzuziehen. In Katar hatten wir eine Menge Fotoshootings und mussten alles anziehen, was wir bekommen hatten. Schließlich war dieses Team etwas, auf das Thomas Bach und das gesamte IOC sehr stolz waren. Leider sieht man auf den Fotos nie unsere Gesichter, denn wegen Corona mussten wir immer Masken tragen.

Außer von den IOC-Mitarbeitern wurden wir von einem professionellen Filmteam begleitet. Die syrische Dokumentarfilmerin Waad al-Kateab, die 2017 selbst nach Großbritannien geflüchtet war, hatte sich fünf Mitglieder des Refugee-Teams herausgepickt, die im Mittelpunkt des Dokumentarfilms *We Dare to Dream* stehen sollten, der später in die Kinos kommen würde. Ich hatte das unglaubliche Glück, zu diesen fünf Personen zu gehören. Waad ist ein absoluter Star und gewann 2017 als erste Syrerin einen Emmy. 2020 wurde sie für ihren Dokumentarfilm *Für Sama*, der sich mit dem syrischen Bürgerkrieg befasst, sogar für den Oscar nominiert. Ich hatte bis dahin schon einige Erfahrungen mit Filmemachern gesammelt, war aber völlig überwältigt von dem Aufwand, der da betrieben wurde. Leider sollte Waad das Storyboard ihres Films aber schon sehr schnell ändern müssen, denn die Realität hält sich selten an Drehbücher.

Trotz aller Sicherheitsmaßnahmen erwischte es unser Team ausgerechnet am Tag der geplanten Abreise nach Tokio doch noch. Neun Tage vor der Eröffnungsfeier bekamen wir just in dem Moment, als wir dabei waren, das Hotel zu verlassen, um für unseren Flug nach Tokio zum Flughafen zu fahren, eine Mitteilung in die WhatsApp-Gruppe unseres Teams. Wir sollten sofort in unsere Zimmer im Torch zurückkehren und dortbleiben. Etwas später wurden wir darüber informiert, dass unser Flug nach Tokio gestrichen sei, weil ein Mitglied unserer Gruppe positiv auf das Coronavirus getestet worden war. Das war ein unglaublicher Schock, denn damit war klar, dass wir erst einmal länger in Doha in Quarantäne bleiben mussten. Statt mich in Tokio mit der Strecke und den besonderen Umständen bei meinen ersten Olympischen Spielen vertraut zu machen, saß ich nun in einem Hotelzimmer in Doha fest. So stellt man sich die perfekte Olympiavorbereitung definitiv nicht vor. Niemand konnte uns sagen, wie lange wir in Doha bleiben mussten. Sicher war nur, dass wir uns wegen der japanischen Coronavorschriften frühestens nach 5 Tagen freitesten konnten.

Ich durfte in den nächsten Tagen zwar ins Fitnesscenter im Hotel und konnte auf dem Laufband und an ein paar Maschinen an meiner Ausdauer und Kraft arbeiten, ohne Boot aber nicht sportartspezifisch trainieren. Als Kanute brauchst du nun mal Wasser und ein Boot. Als ich nach ein paar Tagen immer noch negativ war, kam die gute Nachricht, dass es ein Übungsboot für mich gab. 2006 hatten die Asian Games in Doha stattgefunden und irgendwo war ein Boot übrig geblieben. Auf einem winzigen, maximal dreihundert Meter langen See auf dem Gelände der Aspire Academy war ich froh, trotz der Außentemperaturen von weit über 40 Grad wenigstens den Hauch eines Paddelgefühls zu spüren. Doch kaum dass ich mich in das Boot reingesetzt hatte, löste sich das Stemmbrett durch die Hitze. In einem Moment hatte ich mich noch gefreut, und im nächsten war alles schon wieder vorbei.

Da brach ich total in mir zusammen und begann vor der

Kamera von Waad, die mich zum Training begleitet hatte, aus Verzweiflung einfach loszuheulen: «Ich habe so gekämpft. Ich will bei den Olympischen Spielen kein Tourist sein. Ich will Leistungen zeigen. Ich will nur paddeln und Erfolge haben.» Das war eine sehr schwierige Zeit. Ich habe dann versucht, das Beste aus der Situation zu machen, und bin im Boot ein bisschen rumgezappelt. Vielleicht wäre alles einfacher gewesen, wenn mein Heimtrainer Ralf Straub bei mir gewesen wäre. Der sollte aber erst am 22. Juli in Tokio zu mir stoßen, weil wir ja eigentlich nur zwei Tage in Doha hatten bleiben sollen.

Eigentlich sollten dort nur ein paar organisatorische Dinge passieren, und er wurde als Trainer bei den Rheinbrüdern in Karlsruhe weiterhin gebraucht. Vier Tage vor der Eröffnungsfeier saß ich immer noch in meinem Hotel in Doha, als plötzlich unsere Telefone klingelten und uns einer der Verantwortlichen des IOC voller Euphorie mitteilte: «Morgen fliegen wir nach Tokio.»

Nach insgesamt acht Tagen in Doha und damit sechs mehr als geplant durften wir schließlich drei Tage vor der Eröffnungsfeier unsere Quarantäne verlassen und nach Japan reisen. Die Erleichterung im gesamten Team war unglaublich, denn jeder von uns hatte Angst, dass wir die Eröffnungsfeier am Ende vielleicht nur im TV verfolgen würden.

Irgendwann mitten in der Nacht zwischen 2 und 3 Uhr morgens lag ich dann endlich in meinem Bett in Tokio. An Ausschlafen war aber trotz der Erschöpfung nicht zu denken, denn ich musste bereits um 7 Uhr wieder hoch und direkt zur Regattastrecke der Olympischen Spiele von Tokio 1964. Dort hatte man für mich Trainingsmöglichkeiten organisiert, auch wenn mein Trainer erst in zwei Tagen kommen würde. Als ich an der Strecke ankam, trainierte neben mir die australische Mannschaft.

Weil mein eigenes Boot noch beim deutschen Team war, das es für mich nach Japan transportiert hatte, bekam ich erst mal ein Ersatzboot. Das war zwar nicht optimal, aber nach mittlerweile neun Tagen ohne echtes Training war alles besser als nichts. Nach ein paar Anpassungen konnte ich am Nachmittag endlich ein bisschen trainieren. Als ich am nächsten Tag wieder zum Training wollte, durfte ich dort plötzlich nicht mehr aufs Wasser. Die Australier waren in einer anderen Bubble als das Refugee-Team und wollten nicht, dass ich dort parallel zu ihnen trainiere.

Zu meinem Glück gab es in unmittelbarer Nähe des Regatta-Sees einen kleinen Fluss. Es hieß von offizieller Seite, ich könne dort trainieren. Das war eine riesige Erleichterung, denn durch die lange Zeit in Doha war ich nun schon bald zwei Wochen ohne echtes Kanu-Training. Weil die japanische Bevölkerung den Sportlern und der ganzen Veranstaltung coronabedingt skeptisch gegenüberstand, durfte ich nicht in offizieller Teamkleidung rumlaufen, sondern musste meine eigenen Sportsachen anziehen und mich wie ein Tourist oder Zugezogener verkleiden. Meine Laune besserte sich erst, als mein Trainer endlich da war. Schließlich nicht mehr nur auf mich gestellt, zusammen mit jemandem, der mich kannte und genau wusste, wie er in solchen Situationen mit mir umgehen musste. Ich war gerade in unserer Unterkunft, als Ralf ankam, und hätte vor Freude einfach losheulen können. Er hat mir gesagt: «Die Situation ist nun mal so. Du kannst es nicht ändern. Jetzt versuchen wir, das Beste aus dem Fluss rauszuholen.» Das war genau, was ich brauchte. Jemand, der nicht mit mir weint und mich bedauert, sondern klar sagt, was wir jetzt machen. Wir haben einfach alles ausgenutzt, was der Fluss zu bieten hatte, und sogar die Strömung in das Training eingebaut.

7. IM DORF

In den Vorstellungen eines Sportlers von Olympia spielt das olympische Dorf eine ganz wichtige Rolle. Das ist in der Regel ein Schmelztiegel, wo alle zusammenkommen. Dort leben Muslime neben Christen, Hindus und Leuten, die an gar nichts glauben.

Völker, die miteinander Krieg führen, sind hier plötzlich friedlich miteinander vereint oder lassen sich zumindest in Ruhe. Du träumst davon, wenigstens einmal im Leben Teil dieses positiven Chaos sein zu dürfen. Doch leider war auch dieses Erlebnis wegen der Pandemie stark eingeschränkt. Statt wie bei früheren Spielen bereits Tage vor der Eröffnungsfeier einzuziehen und bis zur Schlussfeier dort zu bleiben, gab es sehr strikte Vorgaben. Jeder Sportler durfte erst zwischen fünf Tagen und einer Woche vor seinem Wettkampf ins Dorf ziehen und musste innerhalb von 48 Stunden nach seinem letzten Wettkampf wieder raus. Dadurch war sichergestellt, dass nie mehr als etwa 6000 Menschen gleichzeitig dort untergebracht waren.

In den Tagen vor dem Einzug ins Dorf waren diejenigen aus unserem Team, die noch warten mussten, in Waseda untergebracht. Das ist eine Universitätsstadt mitten in Tokio, in der wir eine Unterkunft zugewiesen bekamen. Pünktlich eine Woche vor meinem ersten Rennen durfte ich dann schließlich ins Dorf ziehen. Es war unglaublich und übertraf trotz der Einschränkungen all meine Erwartungen. Vor allem die Atmosphäre war fantastisch. Das ganze Dorf bot auf 44 Hektar Fläche Platz für über 17 000 Sportler und Offizielle und war auf der Insel

Harumi in der Bucht von Tokio gebaut worden. Das war eine eigene Stadt mit Hochhäusern, die permanent mit Hubschraubern und Booten überwacht wurde. Auf dem Gelände gab es 3600 Apartments, in denen jeweils mehrere Athleten untergebracht waren. Durch die strengen Vorgaben hatte man das Gedränge im Dorf enorm entzerrt, sodass jeder mehr als genug Platz hatte und für das Social Distancing gesorgt wurde. Die Japaner hatten sich enorme Gedanken über die Nachhaltigkeit gemacht und vieles aus Holz und Glas gebaut. Besonders interessant waren unsere Betten, denn die waren komplett aus Pappe und sollten nach den Spielen recycelt werden. Sie waren ziemlich stabil und auch recht bequem. Ich hatte ein Einzelzimmer, das rundum perfekt war. Das war ein guter Ort, um mal runterzukommen, denn die ganzen Eindrücke konnten einen schon sehr ablenken. Für die Verpflegung gab es eine Mensa, in der 700 verschiedene Gerichte angeboten wurden. Es gab eigentlich nichts, was es nicht gab. Burger, Asia, Sushi, Halal, und das alles 24 Stunden am Tag, sieben Tage in der Woche. Außerdem gab es ein Restaurant, in dem ich relativ oft mit meinen Teamkollegen essen war. Ich habe meistens ein kleines Rinderfilet oder ein Stück Lachs gegessen. Essen ist für mich schon immer sehr wichtig gewesen, denn ich verbrenne für mein Training und meinen Sport unheimlich viele Kalorien. Dazu bekamen wir alle einen Chip und konnten uns an Automaten isotonische Getränke, Softdrinks und Wasser zapfen, so viel wir wollten. Das war alles wie im Schlaraffenland.

Das Schönste im Dorf war aber die Gelegenheit, Sportler aus anderen Sportarten zu treffen. Das war zwar deutlich reduzierter als früher, aber da es meine ersten Spiele waren, hatte ich keinen Vergleich und konnte auch nichts vermissen. Plötzlich sah ich Stars vor mir, die ich bisher nur aus dem Fernsehen kannte. Irgendwann stand ich neben Novak Djokovic und bekam ein Selfie mit ihm. Irgendwie hatten es mir die Tennisspieler besonders angetan – bei einem Besuch im deutschen Haus traf ich Alexander Zverev, der gerade die Goldmedaille gewonnen hatte. Die Stimmung unter den Sportlern war trotz der strengen Vorgaben sehr gut, und manche wollten sich den Spaß einfach nicht verderben lassen. Direkt neben unserem Team wohnten die Niederländer, die eine große Tafel vor ihrem Quartier aufgestellt hatten, auf der notiert wurde, wie viele Medaillen sie schon gewonnen haben. Immer wenn neue dazukamen, wurde auf der Straße vor dem Haus ausgelassen gefeiert. Einmal schaute sogar Thomas Bach bei unserem Team vorbei. Der war als IOC-Präsident fast so etwas wie unser inoffizieller Teamchef. Leider war ich zu diesem Zeitpunkt nicht im Dorf und fehle deshalb auf dem Gruppenfoto mit Bach. Er hat jedem von uns eine Swatch-Uhr mit den olympischen Ringen und seiner Unterschrift darauf geschenkt, die mich für immer an eine besondere Zeit erinnert, die mich im Vorfeld viel Kraft und Tränen gekostet hatte.

Ich muss zugeben, dass ich mich anfangs in meiner Haut als Mitglied des Refugee-Teams jedoch überhaupt nicht wohlgefühlt habe. Ich habe mich fast ein bisschen geschämt, dass ich nur ein Flüchtling war, weil ich dachte, die anderen hielten uns für nicht wirklich zugehörig. Ich glaubte, dass andere Sportler, die sich in ihren Ländern in Qualifikationswettkämpfen gegen andere durchgesetzt hatten, vielleicht dachten, dass wir unsere Teilnahme an den Spielen von Thomas Bach und dem IOC geschenkt bekommen hatten. Ich hatte mein Problem damit, dass sich im deutschen Team ein ehemaliger Weltmeister nicht qualifizieren konnte, während ich teilnehmen durfte. Das fand ich ihm oder auch anderen gegenüber, die bei Weltmeisterschaften vor mir waren und jetzt fehlten, unfair, und ich hatte Angst, dass andere das auch so sehen. Auf der anderen Seite musste man auch klar sagen, dass ich auf dem Papier kein Deutscher war. Natürlich trainierte ich in meiner neuen Heimat, aber das durfte nicht entscheidend sein. Im Iran war ich das schnellste Boot Asiens und hätte mich ziemlich sicher für Olympia qualifiziert. Deswegen hatte ich jedes Recht, dort zu sein, wo ich jetzt war. Am Ende hat auch niemals jemand etwas zu mir gesagt oder mir das Gefühl gegeben, dass ich nicht zu Olympia gehöre. Die sind alle zu uns gekommen und wollten mit uns Pins tauschen. Wir waren schließlich das einzige Team, das die olympischen Ringe als Pins hatte. Die durfte sonst niemand verwenden, weil die Nutzung der Ringe und der Begriff «Olympia» durch das IOC streng geschützt sind. Es war wirklich eine geile Zeit im olympischen Dorf. Leider kann ich mich an vieles gar nicht mehr im Detail erinnern, weil ich so aufgeregt und nervös war. Dadurch konnte ich die Zeit nicht so intensiv genießen, wie ich es mir gewünscht hätte. Es ist alles viel zu schnell vergangen.

8. ERÖFFNUNGSFEIER

Wenn man Sportler, die bei Olympia waren, fragt, an was sie sich am meisten erinnern, sagen ganz viele: «Die Eröffnungsfeier.» Das ist einfach ein einzigartiger Moment, auf den man unendlich hinfiebert. Man weiß genau, wann es so weit ist, und hat bei sich selbst so was wie einen Countdown laufen. Bei mir lief der Countdown schon sehr lange und ich hatte mir sein Ende oft herbeigeträumt. Bereits 2016 oder 2017 hatte ich mich in Gedanken, wenn ich mit dem Rad zum Training in Karlsruhe gefahren bin, in Tokio einmarschieren sehen.

Ich hörte dabei immer sehr laut Musik und malte mir genau aus, wie es wohl sein würde, wenn ich zwischen vielen anderen Sportlern vor zigtausend Zuschauern in das Olympiastadion einlaufe, während Millionen Menschen vor dem Fernseher sitzen und uns zuschauen.

Das war komplett verrückt, denn ich wusste ja überhaupt nicht, ob ich es jemals schaffen würde, mich sportlich zu qualifizieren, und ob ich überhaupt die Erlaubnis der Verbände bekommen würde, diesen Moment zu erleben. Ich glaube, diese Träume sagen sehr viel über meine große Sehnsucht aus, zu Olympia zu fahren. Ich habe mich schon immer dort gesehen. An dem Tag, als ich in Tokio endlich in dieses riesige Stadion gelaufen bin, habe ich nach oben in den leichten Nieselregen geschaut und zu mir gesagt: «Du hast es dir verdient, hier zu sein», und mich heimlich, still und leise bei denen bedankt, ohne deren Hilfe ich niemals dort gewesen wäre. Das war ein sehr schöner Moment, auch wenn er gar nicht so lange gedauert hat.

Vor der Zeremonie warteten wir etwa zwei Stunden in der Tiefgarage des Stadions, bis der eigentliche Einmarsch losging. Es gab viel Platz, denn bis auf ein paar Ehrengäste und Journalisten durfte pandemiebedingt niemand zur Eröffnungsfeier oder zu den Wettkämpfen. Das war sicher auch ein Grund, aus dem viele Japaner gegen die Spiele waren. Doch darüber denkt man in diesem Moment nicht nach. Ich stand da unten und wartete, dass sich die Karawane endlich in Bewegung setzt. Unser Team hatte für die Eröffnungsfeier einen schicken dunkelblauen Anzug mit dem Logo des Refugee-Teams und den olympischen Ringen sowie eine knallig blaue Krawatte mit einer aufgedruckten Taube bekommen. Dazu trugen wir dunkle Schuhe und ein weißes Hemd. Die Anprobe am Tag zuvor war sehr aufregend, und ich war froh, mit Ralf dort gewesen zu sein, denn der wusste nicht nur, wie man ein Paddel hält, sondern auch, wie ein Anzug sitzen muss. Mir wäre das alles egal gewesen, und ich wäre sogar in einer Plastiktüte eingelaufen, solange ich nur dabei sein durfte. Unsere Anzüge saßen pünktlich zur Eröffnungsfeier perfekt und sahen sehr festlich aus. Viele Zuschauer hatten uns im Nachhinein mit dem Iran verglichen, der in den typischen dunklen Anzügen eingelaufen war, die unsere Politiker oft tragen.

Letztendlich dürften die Iraner genauso geschwitzt haben wie wir, denn es war unerträglich heiß, und meine Schuhe fühlten sich an, als ob ich drei Zentimeter tief im Wasser stünde. Dazu kam, dass wir alle eine Maske tragen mussten, sodass einem das Atmen in der Hitze noch schwerer fiel als ohnehin schon. Als es losging, sind wir als zweites Team hinter den Griechen eingelaufen, die als Erfinder der Olympischen Spiele gelten und traditionell immer zuerst kommen.

Das war ein wirklich schöner Moment. Alle Scheinwerfer waren auf uns gerichtet und aus den Lautsprechern dröhnte laute Musik. Vor unserem Team lief eine Japanerin in einem Kimono und hielt ein großes Schild, auf dem in einer Sprechblase «Refugee Olympic Team» stand. Dahinter kam unser Team, angeführt von der Schwimmerin Yusra Mardini und dem Marathonläufer Tachlowini Gabriyesos aus Eritrea. Sie trugen die Fahne des IOC mit den olympischen Ringen drauf, unter der wir an den Start gehen würden. Ich war irgendwo mittendrin und schaffte es trotz des Anzugs und der Hitze, den wenigen Zuschauern im Stadion und den Kameras zuzuwinken. Ich wusste, dass meine Eltern im Iran in diesem Moment vor dem Fernseher sitzen und stolz auf mich sein würden. Ich weiß nicht, ob es genauso war, wie ich es mir in meinen Träumen vorgestellt hatte, aber es war trotz leerer Ränge, brütender Hitze und Maske einzigartig. Irgendwie gelang es mir, ein Selfie-Video mit meinem Handy zu machen, das ich auf Instagram postete. Wenn man genau hinschaut, kann man trotz der Maske sehen, wie glücklich ich in diesem Moment war und dass ich ein bisschen weinen musste. So schnell, wie wir drin waren, waren wir aber auch wieder draußen und versammelten uns mit den anderen Athleten am Rand des Innenraums, um die anderen Sportler bei ihrem Einmarsch anzufeuern. Die Stimmung war sehr ausgelassen, und jeder war einfach nur glücklich, dort zu sein. Als das Feuer entzündet und die Spiele offiziell eröffnet wurden, waren wir aber schon lange wieder in unseren Quartieren. Wir waren ja auch nicht zum Feiern gekommen, sondern um unsere besten Leistungen zu zeigen.

9. DAS RENNEN

Ein paar Tage vor meinem Wettkampf durfte ich endlich auf der neuen olympischen Strecke trainieren. Der «Sea Forest Waterway», wie die Strecke offiziell hieß, war auf einem Kanal in der Bucht von Tokio für die olympischen Wettkämpfe neu gebaut worden. Damit es dort keine Probleme mit den Gezeiten gab, hatte man ein Pumpsystem installiert, das den Meeresspiegel immer gleich hält, sodass die Athleten nicht von sinkendem oder steigendem Wasser gestört werden. Eine der Besonderheiten dieser Anlage war, dass wir auf Salzwasser fahren mussten. Das gibt den Booten mehr Auftrieb, als wenn man auf einem See im Süßwasser paddelt. Umso wichtiger, dort vor unseren Rennen trainieren zu können. Wir mussten so lange warten, weil bis zwei Tage vor dem Beginn der Kanuwettbewerbe die Ruderwettkämpfe an der Stelle stattgefunden haben. Das spielte aber am Ende auch keine Rolle, denn wir fuhren alle auf dem gleichen Wasser, sodass niemand im Vorteil war. Ich war sowieso längst an dem Punkt, an dem ich mich nur noch mit dem Rennen beschäftigen wollte. Alle Probleme mit der Quarantäne, der Trainingspause und den schwierigen Bedingungen nach meiner Ankunft in Japan waren für mich vergessen, als ich am 2. August zu meinem ersten Wettkampf im K1 über 1000 Meter an den Start ging.

Als ich an der Startlinie stand, war ich ganz nah bei meiner Familie. In diesem Moment habe ich meine Augen geschlossen und mir gesagt: «Ey, du bist hier, und der Iran ist auch hier, also mach Druck. Sie haben hinter deinem Rücken erzählt, du bist scheiße, du bist ein Verräter und wirst deinen Traum nie wahr werden lassen. Jetzt zeig es ihnen.»

Mir war klar, dass ich durch die schwierige Vorbereitung und die verlorene Zeit in Doha nicht die Energie haben würde, die ich unter normalen Umständen gehabt hätte, aber das war nun völlig unwichtig. Ich konnte es jetzt sowieso nicht mehr ändern und sagte mir deshalb nur: «Zieh durch, Junge. Das ist der Wettkampf deines Lebens.» Das fühlte sich so ähnlich an wie bei dem «Interview meines Lebens», als ich in Karlsruhe darum gekämpft hatte, als Flüchtling anerkannt zu werden. Für mich ging es darum, entweder stolz aus diesem Vorlauf herauszukommen oder schwach zu fahren und für immer damit leben zu müssen. Insgesamt waren 27 Athleten am Start, die auf fünf Vorläufe verteilt waren. Die ersten zwei einer jeden Gruppe würden direkt ins Halbfinale einziehen, während die anderen in einem zusätzlichen Viertelfinale um einen Platz im Halbfinale kämpfen mussten.

Weil ich in meiner Gruppe mit dem deutschen Weltmeister Jacob Schopf und dem späteren Silbermedaillengewinner Ádám Varga aus Ungarn gleich zwei ganz dicke Brocken hatte, hatten wir beschlossen, dass ich taktisch fahre. Ich bin deshalb kontrolliert gepaddelt und habe versucht, nicht zu viel Kraft zu verbrauchen, denn die Bedingungen waren durch die extreme Hitze und Luftfeuchtigkeit sehr schwierig. Um unsere Körpertemperatur halbwegs zu regulieren, konnten wir uns überall Kühlwesten ausleihen, die verhindern sollten, dass wir überhitzen und umkippen. Es hätte auch keinen Sinn gemacht, im Vorlauf alles rauszuhauen, weil alle ab Platz drei sowieso ins Viertelfinale einziehen würden, Platz eins und zwei fuhren direkt ins Halbfinale. Ich bin mit einer souveränen Leistung, auf die ich stolz sein konnte, dann auch tatsächlich hinter den beiden Favoriten auf

Platz vier eingefahren, um im Viertelfinale eine weitere Chance zu bekommen, mich zu beweisen.

Im Viertelfinale bin ich wieder ein richtig gutes Rennen gefahren und sehr kontrolliert gestartet. Damit hatte ich die Kraft, die Lücke zu meinen Vorderleuten am Ende des Rennens deutlich zu verringern und Vierter in meinem Lauf zu werden. Damit war ich zwar ausgeschieden, aber dennoch sehr zufrieden.

Am Ende landete ich im Klassement auf Platz 21 von 27 und lag damit vor Ali Aghamirzaei, meinem ehemaligen Partner im K2, der etwas langsamer war als ich. Das war ein ganz wichtiger Sieg für mich, denn damit hatte ich dem Iran nicht die Genugtuung gegeben, mich besiegt zu haben. Es war zwar nicht so, wie ich es mir vorgestellt hatte, denn unter normalen Umständen hatte ich mir einen Start im B-Finale und damit ein Ergebnis unter den besten 16 zugetraut, doch angesichts aller Probleme, die ich bewältigen musste, war wahrscheinlich einfach nicht mehr möglich gewesen.

Ich wollte und konnte so allerdings nicht aufhören. Das war trotz aller Freude nicht das, was ich mir unter Olympia vorgestellt hatte. Deswegen haben Ralf und ich noch in Tokio besprochen, dass ich bis zu den Olympischen Spielen 2024 in Paris weitermache. Zumal es durch Corona nur drei statt vier Jahre bis zu den nächsten Spielen waren.

10. GENUGTUUNG

Eigentlich gehört es für einen Athleten bei den Olympischen Spielen dazu, nach seinem Wettkampf noch ein paar Tage vor Ort zu bleiben, um die Atmosphäre zu genießen. Leider blieb mir dieses besondere Vergnügen verwehrt, weil wir das Land wegen der Pandemie innerhalb von 48 Stunden nach unserem Wettkampf verlassen mussten. Da unsere Finalläufe erst für den 3. August angesetzt waren, ich aber bereits am Tag zuvor ausschied, hatte ich sogar noch einen zusätzlichen Tag in Japan. Leider wusste ich nicht, dass es mit der Akkreditierung trotz Corona möglich gewesen wäre, sich andere Wettkämpfe anzuschauen. Man hatte uns immer wieder gesagt, das sei nicht erlaubt. Ich habe später von anderen Sportlern gehört, dass sie sich trotzdem den einen oder anderen Wettkampf anschauen konnten. «Gut», sagte ich mir im Nachhinein, «ein Grund mehr, bis Paris weiterzumachen und alles nachzuholen, was ich jetzt in Japan verpasst habe.»

Obwohl wir nicht viel Bewegungsfreiheit hatten, habe ich die drei freien Tage bis zum Rückflug sehr genossen. Es war bei Strafe verboten, sich Tokio anzuschauen, was ein komisches Gefühl war, denn wir waren zwar in Japan, aber doch irgendwie nicht. In unmittelbarer Nähe zum olympischen Dorf gab es ein Restaurant, das zu Fuß keine 200 Meter entfernt war. Doch wegen der strengen Regel, uns in Japan nicht frei bewegen zu dürfen, mussten wir selbst für diese Strecke ein Taxi nehmen. Das war total bescheuert, denn wir sind direkt vor dem Dorf ins Taxi gestiegen, 200 Meter weit gefahren und dann wieder ausgestiegen. Leider hatten wir auf diese Art nur sehr wenig Kontakt zu den Japanern, die bei den seltenen Zusammentreffen immer sehr nett waren. Wenn wir mit dem Bus irgendwo hingefahren sind, sahen wir oft Banner und Plakate, auf denen zum Beispiel «Gebt nicht auf, macht weiter. Wir sind stolz, dass ihr da seid» stand. Es war schade, ausgesperrt zu sein, doch auf der anderen Seite ließ ich mir meine gute Laune nicht verderben. Ich hatte schließlich meinen ehemaligen Zweierpartner Ali besiegt und dafür gesorgt, dass die Medien im Iran ruhig geblieben sind. So hatte keiner in ihrem Verband ein großes Interesse daran, die Geschichte groß auszubreiten. Dass die iranische Kanunationalmannschaft von einem iranischen Flüchtling geschlagen wurde, der das Land verlassen hatte, war eine gewaltige Niederlage, über die niemand gerne reden wollte. In den letzten Tagen lief mir sogar der Präsident des Iranischen Kanu-Verbandes erneut über den Weg, der sich kurz vor dem Wettkampf noch über den Flüchtling lustig gemacht hatte, der da unbedingt mitpaddeln wollte. «Wie komisch und unfair bist du denn?», hatte ich da noch gedacht. «Zwei Jahre lang hast du mich täglich angerufen, um mich zurückzuholen, und jetzt stehst du hier und lachst über den Flüchtling.» Dieses Thema war nach dem Rennen aber sehr schnell erledigt, und der Einzige, der was zu lachen hatte, war ich. Das war ein sehr gutes Gefühl, das ich mir wirklich verdient hatte. Obwohl mir die Delegation aus dem Weg ging, hing ich die ganze Zeit mit Ali zusammen. Dem war total egal, was die anderen dachten, denn er war genauso ein Sturkopf wie ich. Mit Ali oder anderen Sportlern hatte ich auch nie ein Problem. Es sind immer die Funktionäre, die Ärger machen, selbst noch acht Jahre nach meiner Flucht. Bei der WM 2023 in Duisburg hatte der iranische Kanupräsident die Sportler wieder davor gewarnt, mit mir in Kontakt zu treten. Wahrscheinlich ärgert er sich immer noch darüber, dass die Medien ihn dafür kritisiert hatten, dass der beste Iraner nicht für den Iran startet. Ali war das in Tokio total egal und wir hatten zusammen viel Spaß im Dorf. Die meisten anderen Iraner gingen mir und den Iranern aus dem Flüchtlingsteam allerdings aus dem Weg. Das lag vor allem an der Taekwondo-Kämpferin Kimia Alizadeh, die 2016 in Rio, als sie noch für den Iran angetreten war, als erste Iranerin überhaupt eine Medaille gewonnen hatte. Kimia ist eine wirklich harte Frau. 2020 war sie wegen der Unterdrückung der Frauen im Iran erst in die Niederlande geflohen und später nach Deutschland gezogen. Sie hat seitdem keine Gelegenheit ausgelassen, den Iran für die Unterdrückung der Frauen heftig zu kritisieren. Ihre Haltung ist eindeutig: Sie hat genug davon, sich einerseits für die Propaganda des Regimes ausnutzen, andererseits aber unterdrücken lassen zu müssen. Als ob das alles nicht gereicht hätte, traf sie in ihrem ersten Kampf auf eine Iranerin und besiegte sie auch noch. Das war natürlich ein riesiges Thema in den Medien im Iran, das der Regierung überhaupt nicht gefiel. Die Niederlage gegen mich war also nicht die einzige des Iran gegen einen Geflüchteten. Ich habe mit Ali fast mehr Zeit verbracht als mit den Mitgliedern aus dem Refugee-Team. Das war auf der anderen Seite sehr schade, denn irgendwie kam nie ein echter Teamspirit auf, wie ihn andere Nationen hatten.

Im Dorf gab es eine große Skulptur mit den olympischen Ringen, an der sich alle Mannschaften trafen, um ein gemeinsames Teamfoto zu machen. Das hat bei uns leider nie funktioniert. Auch weil das ganze Team nie gemeinsam im Dorf war. Jeder kam zu einer anderen Zeit dort rein und jeder musste kurz nach dem Wettkampf wieder raus.

Wir sind uns zwar in Teilen immer wieder mal über den Weg gelaufen, hatten aber nie wirklich die Gelegenheit, etwas miteinander zu machen. Auch das ist etwas, was in Paris 2024 gerne besser werden soll. Reichlich Gründe also, nach Tokio 2020 nicht aufzuhören. Doch für diese Entscheidung musste ich erst noch etwas Wichtiges klären.

11. «DER ZUG IST ABGEFAHREN»

Eigentlich hatte ich die Entscheidung, nach den Olympischen Spielen 2020 mit dem Leistungssport aufzuhören, längst für mich getroffen.

Ich war 29 Jahre alt und bereit, nun den nächsten Schritt in den normalen Arbeitsalltag zu gehen. Ich wollte endlich ein geregeltes Leben führen und mir etwas mit meiner Freundin aufbauen. Das war zu diesem Zeitpunkt allerdings nicht so einfach, weil Franzi und ich gerade wieder einmal getrennt waren. Wir hatten seit unserem Kennenlernen sehr viele schöne, aber auch einige sehr schwierige Phasen. Das war etwas, das uns die ganzen zweieinhalb Jahre von unserem Kennenlernen bis Tokio begleitet hatte. Als wir unsere Beziehung 2019 begannen, war sie gerade dabei, ihr Jurastudium abzuschließen, und stand damals vor ihrem ersten Staatsexamen. Ich hingegen hatte zu dieser Zeit gerade eine sportlich schwierige Phase und bei der Qualifikation zur Nationalmannschaft völlig versagt. Bei mir gab es in diesen Jahren viele Aufs und Abs, sodass ich nie wirklich entspannt war, während auch sie häufig unter einer hohen beruflichen Anspannung stand. Letztendlich entwickelte sich daraus eine sehr schwierige Beziehung, in deren Verlauf wir immer wieder zu dem Ergebnis kamen, es sei besser, sich zu trennen. Das hielt meistens jedoch nicht lange an und wir starteten viele neue Versuche. Ich glaube, die Zeit, in der wir getrennt waren, war am Ende leider länger als die, in der wir wirklich zusammen waren. Wir konnten nicht ohneeinander, aber auf Dauer auch nicht miteinander. Das war eine echte On-off-Beziehung – auf eine Art haben wir uns unheimlich tief geliebt, sodass wir nach jeder Trennung trotz aller Probleme nie bereit waren, ganz aufzugeben. Ich war ein bisschen hektisch und sie war manchmal etwas dünnhäutig. Das waren meist einfach kindische Probleme und keine wirklich großen Sachen. Vieles lag ganz sicher an meiner komplizierten Situation. Ich war eben kein normaler Sportler, der nur seine Leistung zu bringen hatte, sondern eben auch ein Spielball der Sportpolitik. Statt daheim zu entspannen, brachte ich meine Probleme oft mit nach Hause und brauchte viel Zuspruch. Obwohl wir weiterhin getrennte Wohnungen hatten, lebten wir in der Zeit meistens zusammen. Dadurch hat sie natürlich all meinen Ärger ungefiltert mitbekommen und versucht, mir zu helfen. Auf der anderen Seite ist Franzi eine Person mit sehr hohen Ansprüchen und wollte ebenfalls viel Aufmerksamkeit haben. Ich glaube, es war für sie nicht immer einfach, dass sich meistens alles um mich und meinen ständigen Kampf um Olympia drehte. Dadurch ist meine Aufmerksamkeit für sie oft hinten runtergefallen. Das war ein großer Fehler, den ich damals selbst gar nicht wahrgenommen habe. Natürlich gab es auch ein paar Mentalitätsprobleme zwischen uns beiden, denn ich war ja in einem ganz anderen Kulturkreis aufgewachsen. Allerdings nicht in dem Sinne, dass ich ihr verbieten wollte, etwas zu tun. Ich war nie der Macho aus dem Orient, der seine Frau am liebsten daheim anketten würde, wie sich viele Menschen das vorstellen, wenn sie von einer solchen Beziehung hören. Es waren oft Kleinigkeiten, aus denen wir immer eine ganz große Sache gemacht haben. Das lag ganz sicher daran, dass wir beide sehr starke Persönlichkeiten sind, die nicht gerne nachgeben. Ich war mir trotzdem immer sicher, dass ich mir mit dieser Frau nach Tokio trotz unserer erneuten

Trennung etwas aufbauen will und werde. Deswegen hatte ich mir fest vorgenommen, nach meinem letzten Rennen in Japan aufzuhören und ihr etwas zurückzugeben.

Als mein Trainer Ralf dann aber an meinem letzten Abend zu mir aufs Zimmer kam und wir über meine Zukunft sprachen, sagte ich ihm, dass ich bis Paris weitermachen würde, wenn Franzi damit einverstanden ist. Ich war nach all diesen Problemen, die ich auf dem Weg zu Olympia und in Tokio zu bewältigen hatte, im Herzen noch nicht fertig mit Olympia. Das konnte noch nicht das sein, wofür ich so gekämpft hatte.

Die Idee, diese Entscheidung von Franzi abhängig zu machen, war allerdings völlig verrückt, denn wir waren zu diesem Zeitpunkt ja überhaupt nicht zusammen. Nach all den Trennungen in den letzten zwei Jahren konnte ich mir aber nicht vorstellen, dass es das diesmal wirklich gewesen sein sollte. Für mich war klar, dass wir bald wieder zusammen sind, und deshalb wollte ich meine Zukunft von ihr abhängig machen. Unser Wiedersehen verlief dann allerdings ganz anders, als ich mir das vorgestellt hatte. Zwei Tage nach meiner Rückkehr aus Japan haben wir uns bei ihr verabredet. Ich habe ihr Olympia-Badeschlappen, ein Trikot und Parfüm gekauft und war mit viel Euphorie zu ihr gefahren. Als ich ihr sagte, dass ich mit ihrem Einverständnis gerne bis Paris weitermachen will, sagte Franzi nur diesen einen Satz, den ich nie vergessen werde: «Saeid, der Zug ist abgefahren.» Das war der Moment, in dem ich nur eins dachte: Fuck.

Angangs glaubte ich noch, dass sie am Ende wieder weich wird. Doch schnell spürte ich, dass diesmal irgendetwas anders war. Letztendlich war das auch absolut richtig von ihr. Wenn man jemandem ständig Aufmerksamkeit gibt und selbst nichts zurückbekommt, kann das alles zerstören. Ich habe versucht, sie zu überreden, doch sie hat mir deutlich gesagt: «Nein, keine Chance.» Zunächst war ich beleidigt, so eine Nachricht direkt nach meinen aufregenden Erlebnissen entgegengeschmettert zu bekommen. Ich bin dann verschwunden und hatte nach den deutschen Meisterschaften, die zehn Tage nach meiner Rückkehr aus Japan stattfanden, erst mal Urlaub. Alle haben sich gefreut, dass ich wieder da war, und wollten alles über Japan wissen. Das half mir zwar sehr, erst mal nicht an Franzi und unsere Situation zu denken, hielt aber nicht lange an.

Als ich Ende August zurück zu meiner Arbeit ins Fitnessstudio ging, sah ich sie dort plötzlich stehen. Sie unterhielt sich gerade sehr angeregt mit irgendeinem Typen und schien vertraut mit ihm zu sein.

In diesem Moment brach meine Welt komplett zusammen. Franzi war meine erste und bis dahin einzige echte und ganz große Liebe. Sie mit einem anderen Mann zu sehen, selbst in einer potenziell harmlosen Situation, zog mir den Boden unter den Füßen weg. Ich muss zugeben, dass ich durchaus ein sehr eifersüchtiger Mensch bin, und in dem Moment fing ich langsam an zu kapieren, dass es nun doch endgültig vorbei sein könnte. Ich rief bei ihr an und heulte wie ein Hund. Doch Franzi hatte die Entscheidung für sich, und damit auch für mich, getroffen und mich in ein tiefes Loch gestoßen. Das soll kein Vorwurf sein, sondern nur die Beschreibung meiner damaligen Situation, die sich aus einer längst überfälligen Entscheidung ergeben hatte. Ich spürte nur noch eine brutale Leere, denn nun war alles, was mich die letzten Jahre angetrieben hatte, plötzlich weg. Ich weiß nicht, ob man diese schwere Zeit als Depression bezeichnen kann. Ich weiß nur, dass ich tieftraurig war.

Ich hatte in meinem Leben bis dahin nie Zeit gehabt, zurückzublicken und an meine Vergangenheit zu denken. Nun hatte ich sie. Damit muss man erst mal umzugehen lernen. Da kam vieles hoch, was ich immer weggedrückt hatte. Ich dachte oft einfach nur: Fuck, was habe ich alles gemacht? Was ist alles mit mir passiert? Und was kommt jetzt? Diese Leere hat mich so runtergezogen, dass ich panisch bei dem Gedanken wurde, nicht zu wissen, was als Nächstes kommt und was ich tun soll. Das führte dazu, dass ich im Auto übernachtete, weil ich nicht mehr zu Hause schlafen konnte. Ich hatte Angst davor, allein zu sein. Ich habe bis dahin nie gerne Alkohol getrunken, doch zu der Zeit habe ich mir eine halbe Flasche Wodka reingeschüttet, weil ich dachte, damit besser schlafen zu können. Wenn auch das nicht geholfen hat, bin ich wieder zu Franzi gegangen, um mit ihr zu sprechen. Sie hat ein riesiges Herz und hat mich jedes Mal reingelassen, mir aber auch klar zu verstehen gegeben, dass unsere Liebe keine Chance mehr hat. Diese Trennung war für uns beide sehr schwer und emotional, denn ich hatte nicht nur meine Freundin, sondern irgendwie auch meine neue Familie verloren. Mit ihren Eltern verstand ich mich von Anfang an großartig, und ihr Fehlen hinterließ ein Loch.

Das Beste wäre gewesen, eine Pause zu machen und mir Zeit zu geben, alles zu verarbeiten. Doch davor hatte ich am meisten Angst. Ich hätte zulassen müssen, auch mal alleine zu sein und mich nur mit mir selbst zu beschäftigen. Das war jedoch genau der Gedanke, den ich nicht ertragen konnte. Stattdessen begann ich, loszuziehen und unendlich viel einzukaufen. Das lag sicher auch daran, dass ich in den sechs Jahren seit meiner Ankunft in Deutschland nie etwas von Wert für mich gekauft hatte. In diesem Moment habe ich alles nachgeholt und alles mitgenommen, was ich sah. Eine Uhr, Schuhe, T-Shirts. Nichts war vor mir sicher. Mir war auch völlig egal, was das kostet.

In dem Moment war Shoppen das Einzige, was mich glücklich machte. Das Glücksgefühl, das sich einstellte, wenn ich etwas Teures gekauft habe, hielt natürlich nie lange an, weil man ständig etwas Neues braucht. Der einzige Zweck des Einkaufens war, mich abzulenken.

Irgendwann habe ich mir schließlich einen Psychotherapeuten gesucht und versucht, alles mit ihm aufzuarbeiten. Das hat mir sehr geholfen zu verstehen, was eigentlich gerade mit mir los war. Ich habe jahrelang um meinen Traum gekämpft, doch als ich alles erreicht hatte, fragte ich mich plötzlich nur noch: Okay, was jetzt?

Auf einmal war da keine Aufgabe mehr. Olympia war vorbei, meine Ausbildung zu Ende und im Kanu war Pause. Dazu kam, dass sich gefühlt niemand mehr für mich interessierte. Vor den Spielen konnten die Medien nicht genug von mir bekommen, und nun kam es mir so vor, als wolle keiner mehr etwas von mir wissen. Das hat mich noch trauriger gemacht. Ich fühlte mich völlig bedeutungslos.

Ohne Detlef wäre ich da niemals rausgekommen. Er und ein paar andere aus dem Verein standen mir unentwegt zur Seite und haben mich aufgefangen. Wenn sie nicht gewesen wären, hätte ich mich wahrscheinlich kaputtgemacht. Ich habe ein paarmal gesagt: «Detlef, wenn du nicht mit mir redest, nehme ich halt Medikamente.» Wenn man verzweifelt ist, kommen einem manchmal sehr blöde Ideen in den Kopf. Am Ende hat es bis zum neuen Jahr gedauert, bis ich aus diesem Loch wieder richtig raus war.

12. JENNI

Natürlich wäre es einfach gewesen, loszuziehen, Mädels abzuschleppen und sich auf diese Weise abzulenken. Doch so ein Typ war ich nie. Natürlich war mir klar, dass es mir guttun könnte, eine andere Frau kennenzulernen und nicht mehr so allein zu sein. Ich wollte aber niemanden zum Ausheulen und Trösten, sondern hoffte darauf, jemanden zu finden, der wirklich Zeit mit mir verbringen wollte. Das war leichter gesagt als getan, denn ich bin alles andere als ein Aufreißer. Ich war nie der Typ, der losgezogen ist und einfach eine anspricht, die ihm gefällt. Ich hatte bis dahin noch nie eine Frau persönlich nach einem Date gefragt und eigentlich immer darauf gewartet, dass die Frauen von sich aus auf mich zugehen. Das hat weniger mit Arroganz zu tun als mit meiner Angst davor, ein Nein zu hören. Um eine persönliche Ablehnung zu vermeiden, hatte ich Kontaktaufnahmen in der Vergangenheit lieber über Facebook oder Instagram versucht. Wenn man bekannt ist, bekommt man auf Instagram ab und zu Anfragen, sich zu treffen, doch das wollte ich nie. Stattdessen habe ich die Dating-App Tinder auf meinem Handy installiert und so ein paar Mädchen kennengelernt. Zunächst fand ich die Idee, mich mit Tinder ein wenig abzulenken, gar nicht schlecht. Dass sich dadurch wieder einmal alles für mich ändern würde, hätte ich nie für möglich gehalten.

Ein paar Wochen nach dem endgültigen Aus mit Franzi bekam ich auf Tinder eine Jenni angezeigt, die mir sehr gut gefiel. Ich habe sie angeschrieben und um ein Date gebeten. Zum Glück hat sie gleich Ja gesagt. Dieses erste Treffen lief aber leider nicht so wie geplant. Wir hatten uns in einem arabischen Imbiss in Karlsruhe verabredet, den ich sehr gut kannte. Das war nicht irgendeine Falafel-Bude, sondern ein Restaurant mit einem super Koch, der orientalisches Essen auf Sterneniveau zubereiten konnte und bei dem ich mir sicher war, dass es Jenni gefällt. Doch an diesem Abend war es eine einzige Katastrophe, der Laden vollgepackt mit komischen Typen, völlig verdreckt und das Essen eiskalt. Während ich mich für meinen Vorschlag schämte, schlug Jenni vor, in ein anderes arabisches Restaurant zu gehen und dort Schawarma zu holen. Als wir mit unserem Essen vor der Tür standen, habe ich sie einfach gefragt, ob sie Lust hat, mit zu mir zu kommen und das Schawarma dort aufzuwärmen. Das war echt nett, und wir haben uns von Anfang an sehr gut verstanden. Weil ich nicht so gerne über mich rede, habe ich ihr vorgeschlagen, eine Dokumentation anzuschauen, die YouTube mit einem eigenen Filmteam über mein Leben gedreht hatte. Vor den Olympischen Spielen in Japan war ein toller Film entstanden, in dem meine ganze Lebensgeschichte aufgearbeitet wurde. Anders als im Film *We Dare to Dream* ging es nicht um die Erlebnisse in Tokio, sondern ausschließlich um mein Leben, meine Flucht und mein neues Leben in Deutschland. Da kamen alle Menschen vor, die mir in den letzten Jahren geholfen hatten, vor allem aber Detlef und Franzi. Ich wollte, dass Jenni weiß, wer ich bin, tat mich aber sehr schwer, ihr das alles noch mal zu erzählen. Mein Problem war, dass ich meine Geschichte so oft erzählt hatte, dass ich manchmal gar nicht mehr wusste, was wichtig ist und was nicht. Ich hatte bis dahin selbst noch nie die Zeit oder Ruhe gehabt, mir diese Dokumentation richtig anzuschauen, und war vom ersten Moment an überwältigt. Als ich sah, was in meinem Leben alles passiert ist, wurde ich unendlich traurig und heulte eigentlich während der kompletten 26 Minuten, die der Film dauerte. Das war für Jenni aber völlig in Ordnung, und sie nahm mich einfach in den Arm und versuchte, mich zu trösten. Zum Glück hatte ich sie damit nicht gleich vertrieben, sodass wir uns in den nächsten Wochen häufiger trafen und viel redeten. Es ging oft um Franzi und mein Gefühl, während dieser Beziehung kein guter Mensch gewesen zu sein, weil ich ihr zu wenig Aufmerksamkeit geschenkt hatte. Und jedes Mal, wenn mein Weltschmerz wieder mit mir durchging, fing Jenni mich wieder ein.

Obwohl Franzi und die Hoffnung, doch wieder mit ihr zusammenzukommen, noch in meinem Hinterkopf waren, versuchte ich dann sehr schnell, ein Leben mit Jenni auf die Beine zu stellen. Ich wollte nach den Erfahrungen meiner letzten Beziehung nicht erst nach ein paar Jahren zusammenziehen. Diesmal wollte ich es sofort richtig machen und sehen, ob es passt oder nicht, und zog mit Jenni in eine kleine Wohnung.

Doch es blieb weiterhin sehr schwierig für mich, meine Gefühle zu kontrollieren. Als ich Ende November aus dem Trainingslager zurück in unsere Wohnung kam und dort einen selbst gemachten Adventskalender fand, hatte ich Schmetterlinge im Bauch und das Gefühl, dass alles perfekt ist. In diesem Moment war ich zutiefst davon überzeugt und mir ganz sicher, dass ich Franzi endgültig hinter mir gelassen hatte. Doch so war es nicht. Nur ein paar Tage später stand ich vor Jenni und sagte ihr geradeheraus: «Ich denke immer noch an Franzi. Ich kann dich nicht lieben.» Das war zwar brutal, aber eben genau das, was ich in dem Augenblick empfand. Zu meinem großen Glück wollte sie mich aber nicht aufgeben und war bereit, um unsere Liebe zu kämpfen. Sie gab mir nie das Gefühl, ein besonderer Mensch zu sein, weil ich ein Sportler bin, sondern weil ich trotz all meiner

Probleme und Zweifel ein gutes Herz habe. Letztendlich war es Jenni, die mir am meisten geholfen hat, aus dieser Situation rauszukommen. Dafür bin ich wahnsinnig dankbar. Ich wusste, dass sie die richtige Frau für mich ist, weil sie für mich kämpfte und mir unendlich viel Liebe gab. Man vergisst nicht einfach von heute auf morgen, aber irgendwann ändern sich die Gefühle. Da geht es dann mehr um Erinnerungen. Am Anfang war die Trennung von Franzi richtig schwer, aber mittlerweile verstehen wir uns sehr gut. Jenni hingegen ist die Frau, die mir aus einer ganz tiefen Krise geholfen und mein Leben sehr nachhaltig verändert hat. So was schweißt zusammen.

13. CHAOS IN KANADA

Durch die Trennung von Franzi war das Thema Olympiateilnahme in Paris sehr schnell erledigt. Ich musste mich nun nicht mehr zwischen dem Sport und der Liebe entscheiden. Durch das Ende unserer Beziehung war mir diese Entscheidung abgenommen worden und ich hatte bereits im Herbst 2021 wieder intensiv mit dem Training begonnen. Das hat mir sehr geholfen, meine Probleme immer wieder ausblenden zu können, denn wenn ich im Kanu sitze, kann ich alles vergessen. Außerdem war es nun auch so, dass ich mich nicht mehr für die deutsche Nationalmannschaft qualifizieren musste, um bei internationalen Wettkämpfen starten zu dürfen. Seit die ICF durch meinen jahrelangen Kampf gezwungen worden war, Regeln für Flüchtlinge zu schaffen, konnte ich künftig in ihrem Refugee-Team starten. Damit hatte ich einen Startplatz bei Welt- und Europameisterschaften sicher, solange meine Leistung stimmt. Auch wenn eine Olympiasaison etwas ganz Eigenes ist, sollte das Jahr 2022 für uns Kanuten gleich zwei ganz große Höhepunkte bringen. Mein Ziel war, erst Anfang August bei den Weltmeisterschaften in Kanada zu starten und direkt anschließend bei den European Championships in München. Vor allem die Europameisterschaften würden etwas ganz Besonderes werden, denn dann sollten in München zeitgleich die Titelkämpfe in zehn verschiedenen Sportarten stattfinden. Neben den Kanuten wären unter anderem Leichtathleten, Sportkletterer, Radfahrer und Volleyballer am Start, um ihre Europameister zu ermitteln. Insgesamt würden mehr als 4000 Athleten in München zum Teil auf den Sportstätten der Olympischen Spiele antreten und einem das Gefühl vermitteln, man sei schon wieder bei Olympia.

Das war etwas, auf das ich mich riesig freute und bei dem ich unbedingt dabei sein wollte.

Die Saison begann für mich dann aber erst mal etwas zäh. Beim ersten Weltcup in Račice in der Tschechischen Republik verpasste ich am Ende das B-Finale und landete relativ weit hinten. Bereits beim zweiten Weltcup eine Woche später in Poznań in Polen lief es deutlich besser, und ich fuhr im Halbfinale eine sehr starke Zeit im K1 über 1000 Meter und landete im B-Finale. Damit schien zumindest sportlich alles auf Kurs WM und EM.

Leider holten mich einmal mehr die alten Schwierigkeiten ein, die man als Geflüchteter immer wieder erlebt. Um nach Kanada zur WM reisen zu dürfen, musste ich ein Visum beantragen. Das war aber nicht so einfach, weil beim kanadischen Konsulat die Nationalität *Flüchtling* nicht vorgesehen war. Ich sollte mich stattdessen zwischen Deutsch und Iranisch entscheiden. Das ging aber nicht, weil ich nichts von beidem war. Dementsprechend wurde mein Visum sofort abgelehnt und meine Odyssee mit Verbänden und Behörden begann aufs Neue. Während ich unzählige Briefe an das IOC, die ICF und selbst die kanadische Regierung schrieb, wurde meine Zeit für die Reise nach Kanada immer knapper. Von den Kanadiern hieß es irgendwann nur noch: «Wir machen gar nichts mehr.» Während ich mich in Mannheim in Ruhe auf die WM vorbereiten wollte, bekam ich jeden Tag eine andere Nachricht zum Status meines Visums. Mal hieß es Ja, dann wieder Nein. Da fragte ich mich schon manchmal, warum das bei mir nicht alles so einfach sein kann wie bei den Deutschen, den Franzosen oder dem ganzen Rest. Warum konnte ich mich nicht wie meine Konkurrenten einfach nur sportlich auf die

WM und EM vorbereiten? Warum musste ich jedes Mal Kraft und Energie für irgendwas verbrennen, das mit meinem Sport gar nichts zu tun hatte?

Die EM, die direkt nach der WM beginnen würde, schien zunächst überhaupt kein Problem zu sein, denn sie fand schließlich in Deutschland statt. Dementsprechend konnte es immerhin bei der Anreise schon mal keine Schwierigkeiten geben. Außerdem hatten mir die für die EM Verantwortlichen beim ersten Weltcup zu verstehen gegeben, dass sie mich gern als ersten Flüchtling bei den Europameisterschaften begrüßen würden und ich ihnen all meine Daten schicken soll. Daraufhin habe ich ihnen alles geschickt und das Thema war für mich erledigt. Damit blieb nur noch das Theater mit Kanada, das mir reichlich Kraft raubte. Allein in der letzten Woche vor der Anreise mussten wir dreimal meinen Flug stornieren und immer wieder umbuchen. Beim ursprünglichen Abflug war immer noch kein Visum da, also musste ich stornieren. Ich habe dann noch mal versucht, einen Termin beim Konsulat zu bekommen, doch der wurde abgelehnt. Das Problem war außerdem, dass ich durch jeden Tag, den ich später anreisen würde, einen großen Nachteil in der Rennvorbereitung hätte. Zum einen konnte ich nicht vor Ort trainieren und mich an die Strecke gewöhnen und zum anderen würde ich mich mit der Zeitumstellung schwertun. Halifax in Kanada war fünf Stunden hinter uns, sodass man in den ersten Tagen sicher ein Problem mit dem Jetlag bekommen würde. Der Flug, den wir als letzte Möglichkeit gebucht hatten, um doch noch an der WM teilnehmen zu können, würde zwei Tage vor dem ersten Wettkampf dort landen. Damit würde nicht viel Zeit zur Akklimatisierung bleiben.

Um dieses Problem zu minimieren, begann ich bereits in

Deutschland, meinen Körper an die kanadische Zeit zu gewöhnen, und trainierte um Mitternacht.

Als der finale Anreisetag erreicht war, hatten das IOC und die ICF bereits alle Hoffnung aufgegeben, dass mich die Kanadier doch noch reinlassen. Die Verbände, von denen ich mich in der Vergangenheit manchmal vernachlässigt gefühlt habe, hatten diesmal wirklich alles getan, um meinen Start bei der WM zu unterstützen. Obwohl die kanadische Vertretung in Deutschland bereits klargemacht hatte, dass sie mir nicht helfen können oder wollen, hatte Maren, die sich bei uns im Verein unter anderem um das Organisatorische kümmert, ein Onlinevisum für mich beantragt. Sie hatte mich allerdings nicht als Flüchtling, sondern als Deutscher registriert. Das war nun unsere letzte Hoffnung, obwohl jedem klar war, dass ich damit eigentlich nichts würde anfangen können. Mein blauer Flüchtlingspass war zwar für Reisen innerhalb Europas gut, bedeutete aber gleichzeitig, dass ich darüber hinaus nur mit Visum reisen darf. Als ich am Abreisetag bis 9 Uhr immer noch nichts gehört hatte, überkam mich langsam die Panik, und ich begann daran zu zweifeln, ob ich um 16 Uhr wirklich in dem Flugzeug nach Kanada sitzen würde. Unsere Pressesprecherin Martina wollte die Hoffnung nicht aufgeben und schickte mich trotzdem los: «Saeid, mach dich auf den Weg. Wir sind in Kontakt. Entweder bekommst du kurzfristig dein Visum oder du bekommst es nicht», gab sie mir mit auf den Weg. Während ich mich auf den Weg nach Frankfurt machte, war ich dauernd in Kontakt mit Maren und Martina. Irgendwann hatte sich plötzlich das kanadische Konsulat in Österreich gemeldet. Sie schrieben, ich könne mich am nächsten Tag in Wien für ein Visum vorstellen. Das war zwar nett gemeint, aber völlig unmöglich, weil mein Wettkampf bereits in weniger als zwei

Tagen anstand. Martina hat mir schließlich geraten, trotzdem zu versuchen, irgendwie ins Flugzeug zu kommen. Während Detlef, Martina, Maren und alle, die mich unterstützt hatten, daheimsaßen und zitterten, was als Nächstes passiert, bin ich in Frankfurt zum Check-in, habe meinen Koffer abgegeben und gesagt: «Ich habe noch kein Visum. Ich warte noch darauf. Aber lasst mich erst mal hier stehen. Das wird gerade geklärt, das Visum muss bald kommen.» Das war natürlich nur ein Versuch, Zeit zu schinden. Ich hatte kein Visum, und es musste auch nichts geklärt werden. Basta. Das Thema Visum war endgültig vom Tisch. Ich weiß nicht, warum, aber ich hatte trotzdem die irreale Hoffnung, dass jemand in letzter Sekunde auftauchen und sagen würde: «Hier ist Ihr Visum, Herr Fazloula. Gute Reise.»

Der Mitarbeiter, der am Schalter saß, wollte trotz meiner Bitte nicht warten, nahm meinen Pass und zog ihn durch ein elektronisches Lesegerät. Was er dann sagte, konnte ich zunächst nicht verarbeiten: «Alles gut, Herr Fazloula, Sie können einchecken.»

«Hä, Check-in?», sagte ich völlig überrascht und dachte, der will mich verarschen. «Ja, hier steht, dass alles in Ordnung ist. Es gibt kein Problem.» Okay, dann bin ich bestimmt bei der nächsten Passkontrolle bei der Ausreise weg, dachte ich mir und ging erst mal weiter. Aber auch da war alles in Ordnung. Jedes Mal, wenn ich wieder eine Kontrolle passiert hatte, nahm ich mein Handy und rief Detlef an. «Detlef, ich bin da durch. Ich bin da durch!», rief ich ganz aufgeregt und konnte es selbst nicht glauben. Ich war mir sicher, dass das alles nicht stimmen konnte, und rechnete jeden Augenblick damit, dass mein Glück gleich zu Ende geht. Doch auch am Gate bei der letzten Passkontrolle war alles okay und die Dame vom Bodenpersonal wünschte mir noch mal «einen guten Flug». Weil wir ein Ticket buchen mussten, das man ohne Probleme mehrfach umbuchen konnte, durfte ich in der Businessclass fliegen. Obwohl das ziemlicher Luxus ist, konnte ich den Flug nicht richtig genießen.

Ich saß auf meinem Sitz und war mir sicher, dass ich bei der Einreise nach Kanada aussortiert und ins nächste Flugzeug zurück nach Deutschland gesetzt werde. Irgendwann war mir das dann egal, und ich beschloss, die Businessclass zu genießen. Letztendlich war ich jetzt schon viel weiter, als ich noch ein paar Stunden vorher gedacht hatte. Eigentlich hatte ich meine Teilnahme an der WM längst aufgegeben, doch irgendwie war ich immer noch im Spiel, auch wenn ich es nicht wirklich verstehen konnte. Der Flug war großartig. Ich habe mich verwöhnen lassen und bis auf Alkohol alles genommen, was mir angeboten wurde. Trotzdem blieb in meinem Hinterkopf weiterhin ein Fragezeichen. Ich war zwar in der Luft und auf dem Weg nach Kanada, aber eben noch lange nicht drin. Wenn sich einer mit unangenehmen Grenzkontrollen auskannte, war das schließlich ich. Was ist, wenn sie dich nicht reinlassen?, fragte dann auch eine ständige Stimme in meinem Kopf, die nicht weichen wollte, während wir uns Toronto näherten. In Kanada ging aber alles recht schnell und einfach. Mein Pass wurde von einer freundlichen Grenzbeamtin gescannt, die wissen wollte, warum ich nach Kanada einreisen will. Als ich ihr sagte, dass ich bei den Kanu-Weltmeisterschaften teilnehmen würde, die übermorgen in Halifax beginnen, hieß es nur kurz und knapp «Welcome to Canada,» und ich war drin. Ohne Visum, ohne alles. Ich habe dann sofort bei Maren in Karlsruhe angerufen und ins Telefon gejubelt. Keiner konnte verstehen, wie das möglich sein konnte. Erst hatten wir wochenlang ein riesiges Theater und dann ging plötzlich alles ganz einfach.

Anschließend flog ich nach Halifax, wo ich meinen nächsten

Schock erlebte. Weder mein Koffer noch mein Paddel waren mitgeflogen und lagen immer noch irgendwo in Toronto. Am Flughafen versprach man mir schließlich, dass ich alles im Laufe des nächsten Vormittags bekommen würde. Das war sehr wichtig, denn durch die späte Anreise hatte ich nur einen einzigen Trainingstag vor meinem ersten Wettkampf. Bis ich letztendlich in meiner Unterkunft ankam, war es kurz vor vier Uhr morgens, und mir blieb nichts anderes übrig, als darauf zu vertrauen, dass es schon irgendwie gut geht. Selbstverständlich war mein Paddel auch am nächsten Morgen noch nicht angekommen. Zu meinem Glück war mein Paddel-Sponsor vor Ort und versorgte mich erst mal mit einem Ersatzpaddel. Das war nicht ideal, weil es ganz andere Griffe und eine andere Härte hatte als mein eigenes Paddel, aber besser als nichts. Damit konnte ich wenigstens so lange trainieren, bis meine Sachen am Nachmittag geliefert wurden.

Durch die kurzfristige Anreise und den damit verbundenen Jetlag kam ich auf der 1000-Meter-Strecke überhaupt nicht ins Rennen und wurde in meinem Vorlauf abgeschlagen Letzter. Das war natürlich eine Enttäuschung, denn im Hinblick auf Olympia in Paris war das eine Distanz, über die ich mich frühzeitig zeigen wollte. Schließlich ging es auch darum, gegenüber dem IOC und der ICF zu beweisen, dass ich nicht nur als Flüchtling, sondern auch als Sportler qualifiziert bin, dort teilzunehmen. Dafür lief es auf der nichtolympischen 500-Meter-Strecke umso besser. In einem sehr starken Feld fuhr ich in meinem Vorlauf auf Platz drei und qualifizierte mich locker für das Halbfinale. Meine Zeit reichte zwar nicht für den Endlauf der besten neun, aber immerhin für das B-Finale. Am Ende wurde ich in diesem Lauf Fünfter und landete damit für das ICF-Refugee-Team auf Platz

14 im Gesamtklassement. Das war ein richtig gutes Ergebnis, denn es war schließlich eine Weltmeisterschaft. Außerdem war es die Belohnung dafür, dass ich wieder einmal trotz enormer Schwierigkeiten nicht aufgegeben hatte.

Leider blieb nicht viel Zeit für Kanada, denn in München wartete mit den European Championships schon der nächste Saisonhöhepunkt.

Zumindest dachte ich das zu diesem Zeitpunkt noch.

14. RÜCKSCHLAG IN MÜNCHEN

Kaum war ich am 9. August wieder in Deutschland gelandet, begann auch schon die finale Vorbereitung auf die Europameisterschaften in München, die wir Kanuten im Rahmen der European Championships auf der olympischen Ruderregattastrecke von 1972 fahren würden. Das war eine Veranstaltung, auf die ich mich riesig freute, denn zum einen bin ich auf dieser Anlage schon einige gute Rennen gefahren und zum anderen war es eine Regatta mit enorm viel Medienpräsenz. ARD und ZDF hatten angekündigt, analog zu den Olympischen Spielen viele Wettbewerbe live im TV zu zeigen, sodass ich Gelegenheit haben würde, mich einem breiten Publikum zu zeigen. Außerdem wollte ich mir auch Wettkämpfe in anderen Sportarten anschauen, was in Tokio wegen der strengen Corona-Regeln nicht möglich gewesen war.

Leider gab es wieder Probleme mit meinem Paddel, das erst zwei Wochen nach mir in Deutschland ankam und noch dazu zerbrochen war. Das war aber zu verschmerzen, weil ich genau für solche Fälle ein Ersatzpaddel daheim hatte und trotzdem gut trainieren konnte.

Mein Plan für München stand fest, und ich wusste genau, wann ich anreisen und wie ich mich auf meinen ersten Wettkampf am 18. August vorbereiten würde. Weil es sich um eine Europameisterschaft handelte, war für die Durchführung in diesem Fall nicht die ICF, sondern die ECA, also die European Canoe Association, zuständig. Das war für mich unproblematisch, denn schließlich war ich gerade erst im Refugee-Team der ICF bei einer WM gestartet. Detlef hatte mir nach meiner Rückkehr aus Kanada geraten, mich bei der ECA zu melden, um zu erfragen, mit welcher Kleidung ich an den Start gehen würde, denn jeder Verband hatte für sein Flüchtlingsteam eigene Trikots.

Völlig überraschend bekam ich eine Antwort, die mich schier aus dem Kanu warf: «Lieber Saeid, es tut uns sehr leid, wir haben alles versucht, aber eine Teilnahme bei den European Championships in München ist bei dir nicht möglich», stand da in einer Mail. Ich habe gedacht, das sei ein Missverständnis, und wollte es sofort aufklären, aber statt einer Erklärung bekam ich überhaupt keine Antwort. Mit ihrer Mail war die Sache für den Verband anscheinend erledigt. Ich frage mich manchmal, was diese Leute glauben. Denken sie wirklich, dass man so etwas einfach hinnimmt? Ich zumindest wollte das nicht akzeptieren und kontaktierte die ARD, die mir im Vorfeld der Olympischen Spiele schon sehr geholfen hatte. Das Problem war jedoch, dass die European Championships zu diesem Zeitpunkt schon begonnen hatten und bis zum Start der Kanuwettbewerbe nicht mehr viel Zeit war. Ich habe mit Detlef und meinen anderen Unterstützern alles Mögliche versucht, telefoniert, gemailt, aber es war am Ende sinnlos. Die ECA hatte einfach keine Regeln für Flüchtlinge geschaffen und wollte das anscheinend auch nicht tun. Das war völlig absurd, denn die meisten Flüchtlinge waren in Europa gelandet und würden, so sie denn nicht eingebürgert sind, früher oder später bei der ECA landen. Für welchen Verband hätten sie also starten sollen, wenn nicht für den europäischen? Das interessierte aber niemanden bei der ECA, die mich stattdessen als Iraner in ihren Unterlagen führte. Damit war ich in Europa selbstverständlich nicht startberechtigt, weil der Iran, wie die ECA richtig anmerkte, nicht auf dem europäischen Kontinent liegt. Das war lächerlich, denn ich war mit meinem blauen Flüchtlingspass bereits 2018, noch bevor die ICF eine Flüchtlingsregel geschaffen hatte, für Deutschland bei einer Europameisterschaft gestartet. Am Ende halfen weder vernünftige noch logische Argumente oder die Hilfe der ICF und des IOC. Die ECA blieb stur bei ihrer Entscheidung, und ich durfte nicht bei den European Championships in München starten, obwohl ich erst ein paar Tage zuvor im Team des Weltverbandes bei einer WM angetreten war. Für mich sind das immer wieder Ablehnungen, und es scheint, als gäbe es in den Verbänden immer wieder Leute, die kein Interesse daran haben, Lösungen im Sinne des Sports und der Athleten zu finden. Diesmal kam die Absage aber zu kurzfristig und zu überraschend, um mithilfe der Medien oder der großen Verbände noch etwas zu bewegen. Es ist schon traurig, dass mir diese Schwierigkeiten immer wieder begegnet sind und mir viel Kraft geraubt haben. Das war ein ständiger Kampf gegen die Strömung. Natürlich schleppt man so was irgendwann ständig mit sich rum und lebt in einer dauernden Angst und Anspannung. Ich hatte mich klar dafür ausgesprochen, 2024 bei den Olympischen Spielen in Paris zu starten, doch in so einem Moment kommen natürlich Zweifel auf. Wenn ich in so einem emotionalen Loch bin, werden alle meine Gedanken düster. Dann denke ich auch, wenn dir das bei der Europameisterschaft passiert, warum soll das nicht auch vor Olympia passieren? Natürlich weiß ich, dass es auf internationaler Ebene nun Regeln gibt, aber die Sache in München hat mir wieder einmal gezeigt: Am Ende bin ich immer von anderen Personen abhängig und weiß nie, wann jemandem ein neues Hindernis einfällt.

Wenn mir jemand sagt: «Sport hat nichts mit Politik zu tun», ist das gelogen. Beides hat immer miteinander zu tun. Solange es Menschen gibt, die Macht haben oder irgendwelche Interessen verfolgen, kann man nicht verhindern, dass so etwas passiert. Da ist es ganz egal, ob du als Flüchtling wegen einer EM gegen einen europäischen Verband kämpfst oder als Iraner gegen deinen Nationalverband, der dich nach Lust und Laune von einer Weltmeisterschaft abmeldet. Am Ende sind es immer wir Sportler, die unter der Macht von Funktionären leiden.

Diese ganzen Tage von München haben mir sehr wehgetan und mich extrem frustriert. Ich war dort und wäre bereit gewesen. Ich war von Deutschland, einem Land im Herzen Europas, als Flüchtling anerkannt und somit Europäer. Ich hatte zuerst überlegt, mit einem Transparent auf die Strecke zu gehen und gegen die Entscheidung der ECA zu protestieren, doch das war es mir am Ende nicht wert.

Manchmal hatte und habe ich keine Kraft und keine Lust mehr zu kämpfen. Dann bin ich unendlich traurig und frage mich: Warum hört das nicht auf? Warum ich?

Ich bin dann noch für drei Tage in München geblieben und an einen See in der Nähe gefahren, um zu paddeln. Ich musste etwas tun, damit mir nicht der Kopf platzt. Bei den Deutschen Meisterschaften Ende August war die Luft bei mir komplett raus, und ich war froh, als diese Saison, die so vielversprechend begonnen hatte, endlich zu Ende war. Ich war nur noch müde und an einem Punkt angekommen, an dem ich dringend mal wieder positive Nachrichten brauchen konnte.

MEINE ZUKUNFT

1. PAPA MIT HINDERNISSEN

Zu meiner großen Freude gab es schon kurz nach dem unschönen Ende der Saison Neuigkeiten, die mich in eine ganz andere Stimmung versetzten. Mitte August bekam ich von Jenni die Nachricht, dass sie schwanger ist. Das war ein echtes Highlight, das mir niemand kaputtmachen konnte. Zumindest dachte ich das anfangs noch. Das war etwas, was ich mir immer gewünscht hatte. In meiner Lebensplanung hatte ich mir das Ziel gesetzt, mit 30 Papa zu sein. Nun war ich 29, als ich die Nachricht erhielt. In diesem Moment konnte ich mir nicht vorstellen, dass irgendetwas die Freude an solch einem Ereignis trüben könnte. Ich hatte es geschafft, Regeln in Verbänden zu schaffen, die sich dagegen gewehrt hatten, und war sogar bei Olympia gewesen. Nun hatte ich mit der im April bevorstehenden Geburt etwas so Schönes vor mir, das außerhalb jeder Sportpolitik lag. Leider hatte ich die Rechnung ohne die deutschen Behörden gemacht.

Unser Wunsch wäre gewesen, im Januar 2023 zu heiraten, weil wir wollten, dass unser Kind ehelich zur Welt kommt. Außerdem wollten wir eine schwer kranke Verwandte von Jenni dabeihaben. Zu dem Zeitpunkt stand bereits fest, dass sie nicht mehr viel länger leben würde. Ende November sind wir dann von der Stadt in den Landkreis Karlsruhe umgezogen und waren deshalb künftig dem dortigen Landratsamt in Eggenstein zugeteilt. Kaum hatten wir unsere Trauung beim Standesamt angemeldet, begannen Probleme, die alles in den Schatten stellten, was ich mit der ICF im Hinblick auf meinen Start in Tokio erlebt hatte.

Ein paar Tage nach unserem Antrag bekam ich einen Brief mit dem Vermerk, die Trauung sei nicht möglich, weil ich laut meines Reisepasses eine «Person nach eigenen Angaben» sei.

Das bedeutete, dass meine Identität in Deutschland nicht offiziell bestätigt war. Wie kann das sein?, fragte ich mich, denn ich hatte nicht nur eine Anerkennung als Flüchtling, sondern sogar eine Niederlassungserlaubnis durch die Bundesrepublik Deutschland bekommen, was bedeutete, dass ich auf Dauer hierbleiben durfte.

Natürlich war es richtig, dass ich 2015 nicht anhand von offiziellen Dokumenten beweisen konnte, dass ich Saeid Fazloula bin, denn ich hatte mich ohne meine Geburtsurkunde auf die ungewollte Reise nach Europa gemacht. Deshalb hatte mir das Landratsamt nun ein paar Optionen angeboten, um dieses Problem aus der Welt zu schaffen. Zum einen hätte ich in den Iran fliegen können, um mir meine Geburtsurkunde durch die deutsche Botschaft anerkennen zu lassen. Damit hätte ich dann zurückfliegen und heiraten können. Das war aber relativ riskant, weil ich wahrscheinlich eher im Gefängnis als in der Botschaft gelandet wäre. Die zweite Option war, jemanden in meinem Auftrag in den Iran zu entsenden, damit er das für mich erledigt. Und drittens hätte ich ins iranische Konsulat nach München oder Frankfurt gehen können. Davor hatte ich allerdings auch Angst, denn ich hatte die Geschichte des Journalisten Jamal Khashoggi im Kopf, der im Oktober 2018 im saudi-arabischen Konsulat in Istanbul ermordet wurde, als er Dokumente für seine Hochzeit holen wollte.

Ich war zwar kein Journalist, der die iranische Regierung kritisiert hatte, aber immerhin ein Sportler, der den Iran mehrfach böse geärgert hatte. Außerdem hatte ich mich seit dem

Aufflammen der Proteste im Iran gegen die Unterdrückung der Frauen immer wieder kritisch geäußert und war bei zahlreichen Demonstrationen auf die Straße gegangen. Als ich versucht habe, dem Standesamt meine Situation zu erklären, hieß es nur: «Ja, ja, ich kenne andere Flüchtlinge, die zum Konsulat gegangen sind, da war alles gut. Da passiert gar nichts.» Die Frau beim Standesamt hat wohl wirklich gedacht, ich versuche alles Mögliche, um zu verhindern, meine Identität nachweisen zu müssen. Ich habe ihr dann erzählt, dass ich vor meiner Flucht für die iranische Nationalmannschaft und bereits für Deutschland und bei den Olympischen Spielen gestartet war und den Iran heftig kritisiert hatte. Deshalb bräuchte ich eben eine Zusicherung, dass sich Deutschland um meine Eltern kümmern würde, wenn mir im Konsulat etwas passiert. «Nein, das machen wir natürlich nicht», war die schnelle Antwort. Sie hat mir schließlich vorgeschlagen, meine Unterlagen zur Kriminaltechnik beim Landeskriminalamt Baden-Württemberg nach Stuttgart zu schicken und dort auf ihre Echtheit prüfen zu lassen. Das war immerhin ein Weg, mit dem ich leben konnte. Also habe ich Anfang Januar meine Dokumente persönlich beim Landratsamt abgeben, damit dieses Problem beseitigt wird und wir heiraten können. Leider dauerte das viel länger, als ich jemals gedacht hätte. Als ich auch nach einigen Monaten noch nichts vom Amt gehört hatte, fragte ich nach. Jennis Verwandte war mittlerweile wie erwartet verstorben. Auf dem Amt hieß es dann nur ganz trocken, dass man in Stuttgart überfordert sei und es noch dauern würde. Ich versuchte zu erklären, dass es sich um einen Eilantrag handelt, weil unser Kind bald zur Welt kommen würde, aber das interessierte dort niemanden. Die Antwort, die ich bekam, ließ keine Fragen mehr offen: «Herr Fazloula, ich habe Ihnen gesagt, es läuft den richtigen Weg. Wir können hier vom Landratsamt nichts beschleunigen. Ich bitte Sie, von weiteren Mails abzusehen.»

Das hieß für mich auf gut Deutsch «Halt deine Klappe, schreib uns nicht mehr». Ich habe schließlich selbstständig versucht, jemanden beim Landeskriminalamt zu erreichen, bekam aber gesagt, dass man mir als Privatperson nicht helfen darf und dass die Anfrage direkt über das Landratsamt kommen muss. Damit war ich am Ende meines Lateins und nahm mir eine Anwältin, die jedoch zunächst auch nicht weiterkam.

Am 19. April 2023 kam schließlich unser Kind zur Welt, unehelich, obwohl es uns so wichtig gewesen war, vorher zu heiraten. Das war alles unglaublich anstrengend und sehr frustrierend, weil ich wieder einmal das Gefühl hatte, nichts wert zu sein. Niemand schien sich dafür zu interessieren, was für uns und vor allem für mich, den Flüchtling, wichtig war. Nach diversen Schreiben unserer Anwältin hatten wir schließlich den 22. Juli als Termin für unsere Hochzeit ausgewählt. Man hatte uns versichert, dass bis dahin alles erledigt sein wird. Die Frau vom Standesamt in Eggenstein hat uns sehr geholfen und uns einen Termin für diesen Tag reserviert, obwohl ich zu dem Zeitpunkt noch nicht alle erforderlichen Dokumente zusammenhatte. Es waren noch 17 Tage Zeit bis zu unserem Hochzeitstermin, das Landratsamt hatte mir versichert, nun sei alles geklärt und die Dokumente auf dem Weg zu mir. Doch es kam nichts. Nicht nach vier, nicht nach sieben und auch nicht nach zehn Tagen.

Irgendwie fühlte sich das alles wieder so an wie in Doha, als ich heulend auf dem See saß und Angst hatte, Olympia zu verpassen.

Schließlich fragte mich Detlef, ob ich nicht langsam mal meine Gäste einladen wolle, denn bis zur Hochzeit seien es ja nur noch ein paar Tage. Der war völlig überrascht, als er hörte, dass ich noch nicht alle Unterlagen zusammenhabe, weil die irgendwo auf dem Weg vom Landratsamt zu mir verschwunden seien. Detlef meinte, ich solle nun erst mal die Einladungen verschicken. «Du kannst die Leute in Deutschland nicht so kurzfristig einladen. Entweder du schickst die Einladung jetzt ab und sagst dann kurz vorher ab, oder du sagst gleich ganz ab.» Ich habe die Einladungen dann verschickt und noch mal meine Anwältin angerufen. Sie fiel aus allen Wolken, weil sie glaubte, dass alles längst erledigt sei. Als sie von der zuständigen Person im Landratsamt erfahren hatte, dass meine Dokumente mit der Beglaubigung ohne Sendungsverfolgung als einfaches Päckchen verschickt worden waren, eskalierte die ganze Situation. Nach unserem Anruf bekam man beim Landratsamt Panik, denn meine Anwältin hatte keinen Zweifel daran gelassen, was als Nächstes passieren würde: «Entweder geben Sie sofort eine vorläufige Beglaubigung ab, damit Herr Fazloula heiraten kann, oder ich klage sofort.»

Noch am gleichen Tag war alles erledigt, und ich bekam die Beglaubigung darüber, wirklich Saeid Fazloula zu sein. Damit konnte ich Jenni am 22. Juli endlich heiraten. Wir waren auf dem Standesamt und haben anschließend mit einer kleinen Gruppe von etwa 30 Leuten gefeiert. Meine Identität ist jetzt bestätigt, ich bin verheiratet und mein Kind heißt nun auch Fazloula. Das war zum Schluss doch wieder einmal ein sehr glückliches Ende, nachdem ich vorher abermals eine Menge Hürden aus dem Weg hatte räumen müssen.

2. TIAM

Auch wenn ich in meinem Leben viele Höhepunkte wie die Asian Games oder die Olympischen Spiele erleben durfte, ist die Geburt meines Sohnes Tiam etwas gewesen, das alles in den Schatten gestellt hat.

Über den Namen gab es bei uns von Anfang an keine Diskussionen. Für mich war immer klar, dass diejenige, die das Kind neun Monate in ihrem Bauch trägt, auch das Recht haben sollte, über den Namen zu entscheiden. Es wäre total egoistisch von mir gewesen zu sagen: «Du hast das alles durchgemacht, aber ich will, dass er Ali oder Mohammed heißt.» Jenni hat sich im Vorfeld der Geburt bereits ein paar Namen ausgesucht und sie mit mir besprochen. Wir haben uns dann sehr schnell auf Tiam geeinigt. Das ist ein alter persischer Name und heißt übersetzt «Schöne Augen». Ich habe mich natürlich sehr gefreut, dass der Name aus meiner alten Heimat stammt. Von Anfang an war ich unfassbar aufgeregt und hatte enorme Angst, dass ich zum Zeitpunkt der Geburt irgendwo im Trainingslager feststecke. Ich wollte unbedingt dabei sein und bin froh, dass es auch so gekommen ist. Ich kam gerade vom Training nach Hause, als Jenni recht starke Bauchschmerzen bekam. Als sie nicht weniger wurden, habe ich ihr geraten, ihre Mutter und die Hebamme anzurufen, weil die sicher wüssten, was zu tun ist. Danach ging alles sehr schnell. Die Symptome passten schon zur Geburt, denn wir waren nur noch zwei Tage vor dem errechneten Termin am 20. April. Etwa zwei Stunden nachdem wir im Krankenhaus angekommen waren, platzte ihre Fruchtblase, und wiederum zwei Stunden später kam Tiam am 19. April 2023 um kurz nach Mitternacht auf die Welt.

Es war so schön, bei der Geburt dabei gewesen zu sein. Nicht nur für mich, sondern vor allem für Jenni, die sich sehr gefreut hat, dass ich bei ihr war und sie unterstützte. Das war etwas, was ich mir nach der Beziehung mit Franzi fest vorgenommen hatte. Damals war ich meistens nur mit mir und meinen Problemen beschäftigt gewesen und damit, für mich zu kämpfen, ohne mitzubekommen, wie es ihr geht und was ihr fehlt. Das wollte ich jetzt unbedingt besser machen.

Ich bin dann nach der Geburt nach Hause gegangen und erst mal richtig krank geworden. Ich glaube, das hatte damit zu tun, dass ich bis dahin unheimlich viel Druck verspürt hatte, der nun auf einen Schlag von mir abfiel. Der Anfang mit Tiam war trotz aller Vorfreude nicht so einfach für mich. Es war irgendwie ein fremdes Gefühl, ihn zu sehen und im Arm zu halten, weil es bei mir immer etwas dauert, emotionale Gefühle oder Beziehungen aufzubauen. Das war schon immer so. Ich habe mich zwar riesig gefreut, dass auf einmal ein kleiner Mensch da ist, mein Sohn, und war unendlich stolz, aber es hat ein bisschen gedauert, bis ich runterkam und das wirklich realisierte. Mittlerweile bin ich voll in meiner Paparolle angekommen und finde es wunderschön, wenn er mich morgens nach dem Aufstehen gleich anlächelt oder seine kleinen Arme ausstreckt, wenn ich abends müde nach Hause komme. Das gibt mir ganz viel Kraft und Energie und erinnert mich daran, dass es etwas Wichtigeres im Leben gibt als den Sport.

3. EIN HAUCH HOLLYWOOD

Ich weiß nicht, ob ich ein guter Schauspieler geworden wäre, aber die Erfahrungen, die ich im Zusammenhang mit den Dreharbeiten und der Weltpremiere von *We Dare To Dream* Mitte Juni 2023 machen durfte, haben mich sehr beeindruckt. Nachdem die Dreharbeiten zu dem Film vor und während der Olympischen Spiele relativ geräuschlos verlaufen sind, war die Premiere in New York etwas ganz Großes. Ich war bis dahin noch nie in meinem Leben in New York gewesen und unheimlich beeindruckt, als ich das erste Mal durch diese Häuserschluchten mit den riesigen Hochhäusern ging. Ich war drei Tage in New York und hatte mir vorgenommen, zum Ground Zero zu gehen, wo 2001 die Hochhäuser des World Trade Center durch einen Terroranschlag zerstört worden waren. Ich wollte mir die Gedenkstätte schon immer mal anschauen und war sehr beeindruckt und berührt, als ich die Namen der bei dem Anschlag Getöteten auf der Gedenktafel sah. Damit war mein privates Programm allerdings auch schon erledigt, denn in erster Linie ging es um die Premiere des Films im Rahmen des Tribeca Festivals. Dieses Filmfest ist von Robert De Niro gegründet worden. Es ist nach dem Stadtteil Tribeca benannt und zeigt neben Spielfilmen mit großen Stars auch Dokumentationen.

Das war alles total aufregend. Und bewegend, weil ich dort zum ersten Mal einen Teil des Refugee-Teams wiedertraf. Vor der Premiere sahen wir uns alle bei einer bekannten Fotoagentur und ließen Fotos von uns machen. Danach waren wir in ein Restaurant eingeladen. Das war sehr schön, weil wir endlich die

Gelegenheit hatten, miteinander zu reden, bevor wir alle gemeinsam zum roten Teppich gegangen sind. Ich war sehr aufgeregt, denn so etwas hatte ich bis dahin noch nie erlebt. Es wimmelte von Journalisten und Fotografen, die Bilder und Interviews von uns wollten. Als der Film begann, wusste ich nicht, was mich erwartete, denn wir hatten ihn alle noch nicht gesehen. Es ist eine Sache, wenn man bei den Dreharbeiten eines Films dabei ist, aber etwas ganz anderes, hinterher zu sehen, was daraus geworden ist. Mich selbst auf einer riesigen Leinwand anzuschauen, war ein komisches Gefühl. Ich hatte mich schon oft im Fernsehen gesehen, aber noch nie im Kino. Das war etwas sehr Persönliches. Nach dem Film gab es langen Applaus und sehr viele positive Kritiken. Ich glaube, dass es Waad Al-Kateab sehr gut gelungen ist, die Geschichte des Flüchtlingsteams im Allgemeinen und einiger Personen im Speziellen einzufangen. Ich muss ganz ehrlich sagen, sehr stolz zu sein, dass ich von ihr ausgewählt wurde, meine Geschichte zu erzählen.

4. HEIM-WM

Das Schöne bei uns Kanuten ist, dass wir eigentlich jedes Jahr einen echten Saisonhöhepunkt haben. Natürlich gibt es nichts, was sich annähernd mit Olympischen Spielen vergleichen lässt, aber eine Heim-WM ist ganz sicher auch etwas Besonderes. Anders als bei der Heim-EM 2022 in München sollte es diesmal keine Probleme für mich geben, zwischen dem 23. und 27. August in Duisburg an den Start zu gehen. Ich freute mich wahnsinnig darauf, denn in Duisburg war ich schon eine Menge Rennen gefahren und wusste, dass das einfach gut wird.

Leider waren mein Saisonstart und die Saison bis dahin sehr schleppend verlaufen. Zum einen war ich von den Problemen rund um meine Hochzeit abgelenkt, die ständig verschoben werden musste. Zum anderen hatte ich im Frühjahr häufig mit gesundheitlichen Problemen zu kämpfen. Angefangen hatte alles bereits im Herbst, als ich wieder mal eine Grippe hatte, die mich bestimmt sechs Wochen begleitete. Bis dahin hatte ich mir bereits richtig gute Grundlagen antrainiert, sodass ich zuversichtlich war, bestens in die ersten Rennen der nächsten Saison zu starten. Kaum war die Grippe überstanden, bekam ich im Dezember Corona. Ich bin leider niemand, der in solchen Fällen lange Ruhe gibt und sich ins Bett legt, um sich richtig auszukurieren. Stattdessen versuche ich in der Regel, so schnell wie möglich zurück zu meinem normalen Ablauf zu kommen. Dementsprechend war es auch viel zu früh, als ich im Januar noch halb krank wieder richtig ins Training eingestiegen bin.

Im Nachhinein total bescheuert, weil sich so was dann im

Körper festsetzt. Selbst wenn man es nicht gleich merkt, steckt die Krankheit weiter in einem und wartet darauf, bei nächster Gelegenheit auszubrechen. Das sind keine neuen Erkenntnisse, sondern Dinge, die jeder Leistungssportler ganz genau weiß.

Im Frühjahr ging alles gut los, und ich hatte längst vergessen, dass ich im Winter richtig krank gewesen bin. Als ich nach der Geburt meines Sohnes am 19. April nach Hause kam, holte mich die Realität doch noch ein und ich wurde erneut sehr krank. Für mich war das ein sehr schlechter Zeitpunkt, denn Ende April sollte ich eigentlich bei der internationalen Frühjahrsregatta in Essen an den Start gehen. Das konnte ich unter diesen Umständen vergessen und musste meinen Saisonstart verschieben, um wenigstens eine Chance zu haben, beim ersten Weltcup Anfang Mai starten zu können. Durch das Fehlen in Essen stand ich vor dem ersten Weltcup gleich ein wenig unter Druck, weil ich dringend Regattapraxis brauchte. Wir waren uns im Team deshalb schnell einig, dass es nur zwei Möglichkeiten gibt. Entweder höre ich auf und schenke die Saison ab, noch bevor sie begonnen hat, oder ich fahre angeschlagen nach Ungarn zum Weltcup.

Da Aufgeben keine Option war, habe ich mich Mitte Mai nach Szeged gequält und erlebte den schlimmsten Wettkampf meines Lebens. Es war kalt, es war windig, und ich war völlig platt. Ich bin dementsprechend über 500 Meter, was eigentlich meine Stärke ist, direkt im Vorlauf rausgeflogen. Über 1000 Meter bekam ich vor dem Vorlauf einen unglaublichen Hustenanfall und landete in einer Trostrunde. Mein Körper war völlig leer, und ich fühlte mich so kaputt, dass ich auch dort hinterherfuhr. Letztendlich gewann ich das F-Finale der neun Schlechtesten und landete auf Platz 46. Das war natürlich eine Katastrophe für jemanden, der schon in A-Finals gestanden hatte und in der Regel antrat, um wenigstens zu den besten 18 der Welt zu gehören. Am Ende geht es für mich auch immer darum, der ICF und dem IOC mit guten Leistungen zu beweisen, dass man nicht als Tourist zu den Olympischen Spielen geschickt werden würde. Ich bin dementsprechend enttäuscht zurück nach Deutschland gefahren und überlegte mir, auf den zweiten Weltcup in Polen zu verzichten. Bis dahin waren zwar zwei Wochen Zeit, aber ich war mir nicht sicher, ob es mir dann wieder so gut gehen würde, starten zu können. Aus meinem Hustenanfall beim Rennen war mittlerweile ein ständig wiederkehrender Dauerhusten geworden, was mich sehr beunruhigte. Natürlich hatte ich die schlimmen Geschichten über Leistungssportler gehört, die wegen Corona-Spätfolgen und Long-Covid ihre Karriere auf Eis legen oder ganz beenden mussten. Um das zu verhindern, bin ich sehr schnell zu einem Arzt gegangen, der bei mir einen kleinen Riss im Brustkorb gefunden hat. Immerhin war es keine Herzmuskelentzündung, die man sich recht leicht zuziehen kann, wenn man sich nach einer Infektion nicht vernünftig auskuriert und zu früh mit dem Sport beginnt. Also genau das, was ich im Winter getan hatte. Eine solche Diagnose im Mai hätte für mich das Aus für die Heim-WM in Duisburg bedeutet.

Auf Ratschlag des Arztes habe ich beschlossen, bis zum nächsten Weltcup etwas ruhiger zu machen und zu schauen, was innerhalb dieser zwei Wochen Rennpause möglich ist. Ich habe das Training deutlich reduziert und merkte sehr schnell, wie sich mein Husten besserte. Beim zweiten Weltcup in Poznań ging es bereits deutlich besser als noch zwei Wochen zuvor. Über 500 Meter fuhr ich ins C-Finale und landete am Ende auf Platz 23. Über die 1000 Meter hatte ich einen super Start in den Wettkampf und wurde in meinem Vorlauf sogar Dritter. Leider ging mir im Halbfinale etwas die Puste aus und ich schaffte es nur ins C-Finale. Das war zwar noch nicht, was ich mir zu diesem Zeitpunkt der Saison vorgestellt hatte, aber es ging deutlich nach oben. In den nächsten Wochen fuhr ich noch mal ins Trainingslager und lieferte bei ein paar kleineren Regatten zuverlässig gute Ergebnisse ab.

Geradezu unglaublich war meine Ausbeute bei den süddeutschen Meisterschaften in München. Dort, wo man mir im Jahr zuvor den Start bei der Heim-EM verweigert hatte, holte ich in sechs Rennen tatsächlich sechs Goldmedaillen. Das war etwas ganz Besonderes für mich, denn zu München hatte ich immer schon eine ganz enge Beziehung. Hier bin ich 2017 meine zweiten deutschen Meisterschaften gefahren und hatte mein großes Vorbild Max Hoff besiegt. Das werde ich in meinem Leben nie vergessen. Ich mag die Anlage mit ihren riesigen Tribünen, die für die Olympischen Spiele 1972 gebaut worden waren. Vielleicht ist es einfach so, dass ich an Orten, die etwas mit Olympia zu tun haben, noch motivierter bin als ohnehin schon. Für mich ist das immer ein ganz außergewöhnliches Gefühl, das diese historischen Sportanlagen verbreiten. Wenn man das alles sieht, kann man sich sehr gut in das Jahr 1972 zurückversetzen und fast schon selbst erleben, wie dort um die Goldmedaillen gekämpft wurde. Dass ich ausgerechnet an so einem historischen Ort sechsmal gewonnen habe, fand ich toll. Ich wusste eigentlich schon vor diesem Wochenende, dass es ein guter Wettkampf für mich wird. Wenn ich etwas in meinem Leben gelernt hatte, dann, dass Niederlagen einen stärker machen und dass es sich nicht lohnt, vergangenen Gelegenheiten nachzutrauern. Deswegen lag der Fokus für mich auch ganz eindeutig bei meinem Erfolg von 2023 und nicht bei den verpassten Chancen im Jahr zuvor.

Mit dem Ergebnis von München war die Vorfreude auf die Heim-WM noch mal deutlich gestiegen. Wenn man sich gut fühlt, ist alles viel schöner und leichter. Natürlich war das auch für mich eine Heim-WM. Ich fuhr zwar nicht mehr im Trikot der Nationalmannschaft mit dem Adler auf der Brust, aber ich hatte Deutschland dafür längst in meinem Herzen. Obwohl ich für die ICF startete, war Deutschland sportlich meine Heimat. Ich sehe mich definitiv als Deutscher und spreche immer von «wir», wenn ich über die Deutschen rede, und nicht von «ihr». Hier ist meine Zukunft, hier bin ich verheiratet, hier habe ich mein Kind und mein ganzes Leben. Seitdem ich den Iran verlassen habe, hatte ich nie Heimweh, weil ich sehr schnell eine neue Heimat gefunden habe, die meistens sehr gut zu mir war und ist. Außerdem wusste ich, dass ich in meiner Karriere, die mit den Olympischen Spielen in Paris zu Ende gehen wird, nicht mehr so viele Gelegenheiten haben werde, eine Weltmeisterschaft vor so vielen Freunden und Bekannten zu fahren. Von Karlsruhe nach Duisburg sind es mit dem Auto etwa vier Stunden. Daher konnte ich davon ausgehen, dass viele Rheinbrüder auf den Tribünen sitzen und uns anfeuern würden. Für sie ist es egal, ob ich das deutsche Trikot trage oder das der ICF.

Vielleicht war es diese unglaubliche Atmosphäre, die mich am Ende beflügelt und angetrieben hat. Ich bin dort vom ersten Tag mit einer riesigen Euphorie an den Start gegangen und wollte allen zeigen, was ich wirklich draufhabe. Auch wenn ich nicht gerne nach hinten schaue, ärgerte ich mich immer noch über meine Leistung von der WM in Kanada. Natürlich wusste ich, dass ich dort unter sehr schwierigen Umständen angetreten bin, wollte das aber nicht als Ausrede hernehmen, warum ich hinter meinen Erwartungen geblieben war. Jetzt gab es keine Probleme und ich konnte mich nur auf mich und meinen Sport konzentrieren. Die gesundheitlichen Sorgen aus dem Frühjahr waren längst vergessen, und irgendwelche Funktionäre, die meinen Start verhindern wollen, gab es diesmal auch nicht. Endlich durfte ich mal zeigen, was ich kann, und fuhr persönliche Bestzeit.

Weil ich im Team der ICF weiterhin der einzige Flüchtling war, stand von Anfang an fest, dass ich ausschließlich im Einer über 500 und 1000 Meter starten werde. Das könnte sich in Zukunft durchaus ändern, denn es ist anzunehmen, dass künftig mehr Flüchtlinge im Refugee-Team starten werden. Wir sind weit weg von einer Welt ohne Krieg und Not, und so wird es auch weiterhin Menschen geben, die ihre Heimat verlassen müssen, um woanders zu überleben. Wenn irgendwann einer kommt, der weiß, wie man schnell paddelt, ist die ICF jetzt in der Lage, ihn aufzunehmen und zu fördern. Etwas, das ich mit der Hilfe vieler anderer geschaffen habe und auf das ich sehr stolz bin. In Duisburg zumindest war ich noch das einzige Mitglied des kleinen ICF-Teams und somit nur im K1 gemeldet. Ich wusste aber auch, dass ich richtig schnell sein muss, um dort nicht unterzugehen. Anders als in Halifax, wo wegen der Visaprobleme deutlich weniger Kanuten am Start waren, war Duisburg eine Rekord-WM. Circa 1500 Athleten aus 91 Nationen hatten sich für die Rennen im Sportpark Wedau gemeldet, wo die WM bereits mehrfach stattgefunden hatte. Der Grund für diese große Teilnehmerzahl lag sicher auch darin, dass diese WM als Qualifikationsveranstaltung für Paris galt, denn die Olympischen Spiele würden in weniger als einem Jahr beginnen. Über 500 Meter wurde ich in meinem Vorlauf sehr guter Dritter und qualifizierte mich deutlich für das Halbfinale. Leider verpasste ich das A-Finale der besten

Neun, schaffte es aber ins B-Finale. Dort wurde ich Siebter und landete damit über 500 Meter auf dem sechzehnten Platz von 51 gestarteten Kanuten. Über 1000 Meter konnte ich mich ebenfalls sicher für das Halbfinale qualifizieren, verpasste dann aber ganz knapp das B-Finale und wurde am Ende Vierundzwanzigster. Mit diesen Ergebnissen war ich absolut zufrieden und konnte ein positives Zeichen an diejenigen schicken, die das IOC-Refugee-Team für Paris nominieren, denn das IOC hat seine Augen überall. Es war unfassbar wichtig für mich, noch einmal zu bestätigen, wirklich gut paddeln zu können. Ich bin fest davon überzeugt, dass ich dem IOC in den letzten Jahren seit Tokio genug Gründe gegeben habe, mich für Paris zu nominieren.

5. ALTE BEKANNTE

So eine WM ist immer eine wunderbare Gelegenheit, alte Bekannte und Weggefährten zu treffen. Das war in Duisburg ganz anders als in Halifax 2022, wo viele Länder gar nicht erst angereist waren. Selbst der Iran war mit ein paar Leuten nach Deutschland gekommen, sodass ich endlich mal wieder die Gelegenheit hatte, Ali wiederzusehen. Mit ihm hatte ich nie Probleme. Wir beide haben gemeinsam großartige Erfolge gefeiert, die uns für immer miteinander verbinden, egal was ein paar Politiker und Funktionäre sagen. Es war nicht so, dass ich Heimweh nach dem Iran bekam, aber es hat mich schon sehr berührt, die alten Weggefährten zu sehen. Das lag vielleicht auch daran, dass sie mir ein bisschen leidtaten. Dieses Team war leistungsmäßig in keiner guten Form mehr. Es war schlimm zu sehen, dass diejenigen, die vor ein paar Jahren richtig stark gewesen sind, nun weit hinterherfuhren. Leider war mein Verhältnis zu den meisten Sportlern auch sehr schwierig, weil ich mich immer wieder zu Dingen geäußert hatte, die in meiner Heimat und in meinem alten Verband nicht stimmen. Unter anderem hatte ich im Januar ein Video gepostet, das die Vizepräsidentin des Iranischen Kanu-Verbandes dabei zeigte, wie sie bei einem offiziellen Event in Thailand getanzt hatte. Ich habe dieses Video gepostet, weil ich etwas Positives bewirken wollte. Alle Frauen im Iran sollten so tanzen dürfen. Doch wehe, ein solches Video taucht von meiner Mama, meiner Schwester oder einer ganz normalen Frau auf, die keinen hohen Posten in einem Verband hat. Mir ging es darum zu zeigen, dass es für alle verboten sein muss, wenn es verboten ist, und es alle dürfen sollen, wenn es eine darf. Ich konnte und wollte nicht verstehen, dass einige, die unter dem Schutz der Regierung stehen, Dinge tun dürfen, für die andere schwer bestraft werden. Das kam im Iran gar nicht gut an und ich wurde dafür sehr hart kritisiert. Die Vizepräsidentin hat zwar ihren Rücktritt angeboten, durfte aber letztlich trotzdem im Amt bleiben, während ich von einigen ihrer Sportler heftig attackiert und bedroht wurde. Sie haben unter anderem meinen Instagram-Account gehackt und blockiert, sodass er nicht mehr erreichbar war. Das Ganze passierte, kurz bevor ich ins Trainingslager in die Türkei gehen wollte, sodass ich mit einem schlechten Gefühl dorthin gereist bin. Ich hatte Angst, in der Türkei festgenommen und in den Iran zurückgebracht zu werden.

Als ich dort angekommen bin, habe ich meinen Teamkollegen drei Nummern gegeben, die sie kontaktieren sollten, falls sie mich nicht mehr finden oder ich nicht zu Terminen erscheine. Es waren die Kontakte der ARD, von Detlef und der Polizei. Ich hatte richtig Angst, aufgespürt zu werden, und habe deshalb komplett darauf verzichtet, etwas zu posten. Das setzte sich bis zur Heim-WM fort, weil dort einige der Sportler am Start waren, die mich bedroht hatten. Dabei hatte ich gar nicht so sehr Angst um mich, sondern vielmehr um Tiam und Jenni. Es war offen gedroht worden, meine Frau und mein Kind zu töten. Ich bin mir sicher, dass meine Angst übertrieben war, aber durch diese Drohungen war ich verunsichert. Was mich besonders traurig gemacht hat, war die Tatsache, dass das von Personen kam, denen ich in der Vergangenheit geholfen hatte. Wegen der hohen Inflation im Iran war das Geld dort immer weniger wert, sodass ein Paddel, wie wir es in Wettkämpfen benutzen, auf einmal 4 Millionen Toman kostete, umgerechnet 600 €. Mithilfe meiner

Sponsoren konnte ich einigen alten Teamkameraden die Paddel für die Hälfte besorgen. Besonders geärgert habe ich mich in diesem Zusammenhang über zwei gehandicapte Kanuten aus der Paramannschaft, mit denen ich mir früher sogar mal ein Zimmer geteilt hatte. Wir hatten uns immer super verstanden und viel zusammen unternommen. Von denen nun plötzlich bei Facebook und Instagram Drohungen gegen meine Familie zu lesen, machte mich wütend. Während ich in Deutschland auf die Straße ging und für die Rechte der Frauen im Iran demonstrierte, redeten sie den Leuten dort nach dem Mund, die sie dazu zwangen, bei 50 Grad Hitze mit Kopftuch im Rollstuhl zu sitzen. Ich wusste natürlich, dass diese ganzen Drohungen nur blödes Gerede sind, die vermutlich vor allem dem iranischen Kanupräsidenten gefallen und Vorteile für diejenigen, die sie aussprachen, bringen sollten. Ich glaube nicht, dass sie das aus tiefster Überzeugung getan haben, wollte aber mit solchen Leuten nichts mehr zu tun haben. Bei uns im Iran gibt es ein Sprichwort: «Wenn du bei mir daheim mein Brot oder mein Salz isst, schuldest du mir Respekt.» Genau das hätte ich von Leuten erwartet, die bei mir gewesen sind, meine Eltern getroffen und mein Paddel genommen haben. Am Ende haben sie sich wohl selbst so sehr geschämt, dass sie mir aus dem Weg gegangen sind. Ich muss ehrlich sagen, dass ich oft sehr traurig bin, wenn ich an meine Heimat denke, und ich glaube, dass die Proteste der Opposition im Ausland am Ende nicht unbedingt zu etwas führen. Ich habe mich in Deutschland oft vor Kameras gestellt und gedacht, ich könne was bewegen. Wenn ich an meine Heimat denke, tut es nur weh und ich habe keine guten Gefühle. Warum sollte ich an irgendwas denken, was mir wehtut?, frage ich mich dann oft und lasse es lieber.

EPILOG

Natürlich ist meine Geschichte hier noch lange nicht zu Ende. Ich weiß nicht, was noch kommt und ob ich wirklich in Paris starten werde. In dem Moment, in dem ich das schreibe, gehe ich davon aus, dass mich Thomas Bach erneut nominieren wird. Ich weiß auch nicht, ob ich irgendwann in meinem Leben wieder einen Fuß in den Iran setzen werde. Sicher nicht, wenn sich dort nicht vieles verändert.

Ich kann nicht in die Zukunft blicken, und das ist auch gut so. Ich habe mir oft überlegt, was man aus meiner Geschichte mitnehmen kann, und bin zu dem Schluss gekommen, dass man nicht unbedingt prominent, Olympiasieger, Weltmeister, Politiker oder irgendwas Besonderes sein muss, um die Welt zu bewegen. Manchmal kannst du ein kleines Licht wie Saeid Fazloula sein, um eine richtige und wichtige Regel für einen internationalen Verband zu schaffen und damit vielen anderen Geflüchteten zu helfen.

Ich habe gelernt, dass man sich nicht so ernst nehmen, aber auch nie aufgeben darf. Ich habe mit Mut, Fleiß und einem großartigen Team Sachen möglich gemacht, bei denen viele längst die Hoffnung aufgegeben hätten. Man muss wirklich bis zur letzten Sekunde dranbleiben und auch akzeptieren, wenn es am Ende nicht funktioniert, so wie bei mir 2022 in München. Es muss nicht immer klappen. Das Wichtigste ist, am Ende zu wissen, dass man alles versucht hat.

Ich habe viele Höhen und Tiefen in meinem Leben erlebt und viele Momente haben mich sehr bewegt. Ein wichtiges, wunderbares Gefühl hängt für mich mit dem Umstand zusammen, Vater geworden zu sein. Prägend war auch meine Flucht. Im Nachhinein muss ich allerdings sagen, dass ich sie nie als Flucht und Wegrennen erlebt habe, sondern vielmehr als eine Reise. Ich hatte das Glück, mit guten Leuten unterwegs gewesen zu sein und dass alles gut gegangen ist.

Wenn es mir dann sogar manchmal gelungen ist, den anderen, die mit mir unterwegs waren oder die ich getroffen habe, zu helfen und ihnen ein Lachen abzuringen, war ich glücklich. Ich habe mich auch nach meiner Ankunft in Deutschland immer verantwortlich gefühlt, Dinge zu verändern, die in meinen Augen keinen Sinn gemacht haben. Jetzt dürfen Flüchtlinge im Kanu an Weltmeisterschaften, Europameisterschaften und Olympischen Spielen teilnehmen. Das macht mich glücklich. Was wir im Team möglich gemacht haben, ist etwas, das ewig bleibt.

Ich habe mich auf dem Weg bis hierher oft gefragt, warum ich in so jungen Jahren schon so viele Hürden umschiffen musste. Diese Frage ist noch offen. Vielleicht ist es ein Zeichen. Vielleicht bin ich in der Probezeit – von Gott, von irgendjemandem. Ich weiß es nicht.

Ich glaube, dass der Titel *Gegen die Strömung* sehr gut für ein Buch über mein Leben passt, denn irgendwie musste ich immer gegen irgendwas ankämpfen und konnte mich nie mittreiben lassen. Als Flüchtling, der seine Heimat verlassen hat, stellt man sich immer wieder die Frage, ob man seine Heimat vermisst. Das kann ich für mich ganz klar mit Nein beantworten. Ich vermisse nur meine Eltern.

Als wir uns im Herbst 2023 mit Jenni, Tiam, meiner Mutter und meinem Vater in der Türkei zum ersten Mal gemeinsam getroffen haben, war ich sehr glücklich. So ein Glücksgefühl hatte ich noch nie. Zum ersten Mal saßen alle Menschen, die ich liebe, zusammen an einem Tisch. Wenn Heimat auch für Glück steht, dann war das in diesem Moment Heimat.

Im Iran hingegen gibt es nichts mehr, was mich glücklich macht.

Dort ist in den letzten Jahren alles immer schlechter geworden. Es gibt viele, die aus dem Iran geflüchtet sind und sagen, sie gehen zurück, wenn das Regime wechselt. Ich habe immer gesagt, ich gehe niemals zurück. Vielleicht mache ich dort mal Urlaub, um meine Eltern zu treffen, aber dort zu leben, ist für mich keine Option mehr.

Wenn ich in den Iran fliegen würde, würde ich nur Menschen sehen, denen es heute viel schlechter geht als bei meiner Flucht 2015. Viele sind bankrott, und dort, wo ich mit dem Kanusport begonnen habe, gibt es heute kein Wasser mehr. Deshalb bleibe ich lieber hier und bin glücklich, als in der alten Heimat traurig zu sein. Ich bin absolut fein mit meiner Entscheidung, damals gegangen zu sein, und habe das nicht ein einziges Mal bereut. Natürlich habe ich mich später mal gefragt, ob es nicht besser gewesen wäre, schon früher gegangen zu sein, aber ich komme immer wieder zu dem Ergebnis: Es war eine Entscheidung an der richtigen Stelle.

Mir steht es nicht zu, irgendjemandem Ratschläge zu geben, aber wenn ich etwas gelernt habe, dann, dass es sich lohnt, für das zu kämpfen, an das man glaubt. Ich gehe deshalb jedes Jahr zu meinem alten Flüchtlingsheim und erzähle von meiner Geschichte. Ich erzähle den Flüchtlingen, die dort sind und mir zuhören wollen, dass ich 2015 in der gleichen Situation war wie sie. Ich war damals auch ein junger Mann ohne Hoffnung und ohne Geld, in einem fremden Land, ohne ein Wort zu verstehen.

Doch ich habe eine Chance bekommen und sie genutzt, eine Ausbildung gemacht, mir meine Träume erfüllt und jetzt sogar meine eigene Familie. Ich weiß aber auch genau, dass das alles nicht möglich gewesen wäre, wenn ich nicht so großartige Menschen getroffen hätte, die bereit waren, einem Fremden zu vertrauen und für ihn zu kämpfen.

Am Ende habe ich alles bekommen, was ich wirklich wollte. Wenn das IOC oder die ICF mir jetzt sagen würden «Hier ist Schluss, Saeid, du bist in Paris nicht dabei», würde ich trotz meiner Enttäuschung mit einem sehr guten Gefühl aufhören, weil ich alles erreicht habe, was möglich war. Für mich war immer wichtig, mich realistisch einzuschätzen. Ich wusste immer, dass ich kein Olympiasieger werden oder unter die Top 3 fahren kann. Man muss sein Level immer akzeptieren, darf aber trotzdem große Träume haben. Ich habe mit meinen großen Träumen große Sachen geschafft, dabei aber auch immer meine Füße auf dem Boden gehalten und gesagt: «Hier ist meine Grenze.» Detlef hat mir immer geraten: «Schau einfach immer nach hinten, wo du herkommst», und genau das habe ich getan. Man darf die Vergangenheit und seine eigene Geschichte nie vergessen, man darf aber auch nicht in ihr hängen bleiben. Man darf nicht in Träumen leben und immer weiter träumen, sondern muss sie mit Fleiß und viel Arbeit umsetzen, auch wenn es mal nicht gleich funktioniert.

Ich weiß nicht, was in Paris passieren wird, wenn ich dort wirklich starten darf, aber ich habe eine klare Wunschvorstellung davon und werde alles dafür geben, um sie zu erreichen. Ich will diesmal unbedingt unter die Top 18 kommen. Das wollte ich in Tokio auch, aber dort haben es die Umstände verhindert. Diesmal soll es anders sein. Diesmal glaube ich fest daran, dass das Glück auf meiner Seite ist und ich die Spiele bewusst genießen kann. Das war der Grund, warum ich weitergemacht habe. Ich will in Paris all das bewusst erleben, wofür Olympia steht. Wenn ich am Ende tatsächlich das B-Finale erreiche, habe ich mir auch sportlich all meine Wünsche erfüllt und kann mit einem richtig guten Gefühl aufhören. Wenn das nicht funktionieren sollte, ist es okay, solange ich nur weiß, dass ich alles versucht habe.

Ich habe vor einigen Jahren mal einen Satz von Muhammad Ali gelesen, der mich sehr geprägt und motiviert hat. Ali musste auf seinem Weg, so wie ich, gegen viele Widerstände ankämpfen und hat trotzdem niemals aufgegeben. Dieser Satz ist längst zu meinem persönlichen Motto geworden und steht hinten auf meinem Olympiaboot.

Think it, believe it, become it – Denke es, glaube es, werde es.

BILDNACHWEIS

S. 6 unten, 7 oben: INDRANIL MUKHERJEE/AFP via Getty Images

S. 9 oben und unten: Markus Gilliar/GES-Sportfoto

S. 10: Helge Prang/GES-Sportfoto

S. 11: Mit freundlicher Genehmigung des IOC/privat

S. 13: IMAGO/ZUMA Wire

S. 14: ZDF

Alle übrigen Fotos stammen aus dem Privatarchiv des Autors.